10월의 모든 역사

한국사

한국사 10月

10월의 모든 역사

● 이종하 지음

디오네

머리말

매일매일 일어난 사건이 역사가 된다

역사란 무엇일까. 우리는 왜 역사에 관심을 갖는 것일까.
이 책을 쓰는 내내 머릿속을 맴돌던 질문이다.
아널드 토인비는 역사를 도전과 응전의 개념으로 설명한 바 있다. 그것은 인류사 전체를 아우르는 커다란 카테고리를 설명하기에는 더없이 좋은 개념이다. 그러나 미시적인 문제로 들어가면 이야기가 달라진다. 나일 강의 범람 때문에 이집트에서 태양력과 기하학, 건축술, 천문학이 발달하였다는 것은 도전과 응전으로 설명이 가능하지만, 예술사에서 보이는 사조의 뒤섞임과 되돌림은 그런 논리만으로는 설명이 안 된다.
사실 역사란 무엇인가에 대한 관심은 대학 시절 야학 교사로 역사 과목을 담당하면서 싹텄다. 교과서에 나와 있는 대로 강의를 하는 것은 죽은 교육 같았다. 살아 있는 역사를 강의해야 한다는 생각에 늘 고민이 깊었다. 야학이 문을 닫은 후에 뿌리역사문화연구회를 만든 것도 그런 고민을 해결하지 못했기 때문이다.
약 10년간 뿌리역사문화연구회를 이끌면서 '어린이와 청소년을 위한 교실 밖 역사 여행' '어린이 역사 탐험대'를 만들어 현장에서 어린이와 청소년을 만났다. 책으로 배우는 역사와 유적지의 냄새를 맡으며 배우는 역사는 느낌이 전혀 달랐다. 불이학교 등의 대안학교에서 한국사 강의를 맡았을 때도 그런 느낌은 피부로 와 닿았다.
그렇다고 역사를 현장에서만 접해야 한다는 것은 아니다. 역사 자체는 어차피 관념 속에 있는 것이며, 그것이 우리에게 구체적으로 구현되는 것은 기록을 통해서이기 때문이다. 역사는 과거이며, 그 과거는 기록으로 존재한다. 그러나 현재에 펼쳐진 과거의 기록은 현재를 해석하는 도구이고, 결국 미래를 향한다.

이 책은 매일매일 일어난 사건이 역사가 된다는 사실에 기초하여, 1월 1일부터 12월 31일까지 일어난 중요한 사건들을 날짜별로 기록한 것이다. 사건의 중요도에 따라 집필 분량을 달리하였으며, 『1월의 모든 역사 - 한국사』『1월의 모든 역사 - 세계사』처럼 매월 한국사와 세계사로 구분하였다. 1월부터 12월까지 총 24권에 걸쳐 국내외에서 일어난 중요한 역사적 사실들을 흥미진진하게 담았다.

이 책에 나와 있는 날짜는 태양력을 기준으로 하였다. 음력으로 기록된 사건이나 고대의 기록은 모두 현재 사용하는 태양력을 기준으로 환산하여 기술하였다. 고대나 중세의 사건 가운데에는 날짜가 불명확한 것도 존재한다. 그것들은 학계의 정설과 다수설에 따라 기술했음을 밝힌다.

수년에 걸친 작업이었지만 막상 책으로 엮으니 어설픈 부분이 적지 않게 눈에 들어온다. 앞으로 그것들은 차차 보완을 거쳐 이 시리즈만으로도 인류 역사의 대부분을 일견할 수 있도록 만들고 싶다.

이 책을 쓰다 보니 매일매일을 성실하게 노력하며 살아야겠다는 생각이 든다. 매일매일의 사건이 결국 역사가 되기 때문이다.

이종하

차례

10월 1일 •013

일제, 조선 총독부를 설치하다 | 고려, 후삼국을 통일하다 | 대구 10·1 사건이 발생하다 | 조선어학회 사건이 발생하다

10월 2일 •025

서울대학교 학생들, 유신 반대 시위를 벌이다 | 제2차 남북 정상회담 개최 | 일본군, 제2차 훈춘 사건을 일으키다 | 배화학당 설립

10월 3일 •033

국군, 38선을 돌파하여 간성을 탈환하다 | 상주 콘서트 압사 참사 발생 | 포항종합제철단지 기공식 | 서해대교 29중 추돌사고 발생

10월 4일 •041

김영삼 신민당 총재, 국회의원직에서 제명당하다 | 최초의 발성 영화 「춘향전」 개봉 | 울릉도에 도감 설치 | 강재구 대위, 부하 살리기 위해 수류탄을 몸으로 막아 순직

10월 5일 •049

국회, 16년 만에 국정감사를 재개하다 | 자연보호헌장 선포 | 천연기념물 미호종개, 미호천에 방류

10월 6일 • 055
신라, 당나라를 공격하다 | 「경향신문」 창간 | 국어학자 주시경, 『국어문전음학』 완성

10월 7일 • 063
김형욱 전前 중앙정보부장, 파리에서 실종되다 | 신라, 가배 놀이를 시작하다 | 정조, 사도 세자의 묘를 이장하다 | 강화도 돼지콜레라 발생

10월 8일 • 071
일본의 낭인들, 명성황후를 시해하다 | 제1회 경평축구대전 개회 | 연쇄살인범 김대두 검거 | 북한, 김정일을 당 총비서로 공식 추대

10월 9일 • 079
조선의 세종, 『훈민정음』을 반포하다 | 한글 학회, 『큰 사전』 발간 | 아웅 산 묘소 폭발 사건 발생 | 반기문, 유엔 사무총장으로 확정

10월 10일 • 087
정조, 최초의 신도시 화성을 완공하다 | 숭실학교 설립 | 조선호텔 개업 | 김일성 공식 등장

10월 11일 • 095
『팔만대장경』이 완성되다 | 마이클 잭슨, 첫 한국 공연 | 한강 수상 관광 콜택시 운항

10월 12일 • 103
105인 사건이 발생하다 | 신라의 삼년산성 발견 | 우리나라 최초의 시험관 아기 출생 | 대통령 직선제 개헌안 국회 의결

10월 13일 • 111
백제, 일본에 불교를 전파하다 | 노태우 대통령, '범죄와의 전쟁' 선포 | 고려 의종, 옥룡사에 도선국사비를 세우다 | 「조선일보」, 우리나라 최초의 신문만화 「멍텅구리」 게재

10월 14일 • 119
경주 불국사 석가탑에서 목판인쇄 다라니경을 발견하다 | 영화감독 임권택, 제1회 상하이 국제영화제에서 「서편제」로 감독상 수상 | 중국군, 한국전쟁에 참전 | 세계 최초의 금속활자 인쇄소인 청주 흥덕사 터 발견

10월 15일 • 129
박정희 대통령, 서울에 위수령을 발동하다 | 전교조, 해직 교사 복직 결정 | 소양강 다목적댐 준공

10월 16일 • 137

합천 해인사가 창건되다 | 부마 민주 항쟁 발생 | 인천대교 완공

10월 17일 • 145

박정희 대통령, 10월 유신을 단행하다 | 조선일보사, 『조광』 창간 | 제1차 오일쇼크 발생 | 북한 제3땅굴 발견

10월 18일 • 153

명성황후가 시해당한 건청궁이 복원되다 | 노태우 대통령, 유엔 총회에서 7·7 선언을 설명하는 연설을 하다 | 서울 지하철 3,4호선 준공

10월 19일 • 159

'여수·순천 사건'이 일어나다 | 국군 제1사단, 평양 탈환 | 조선어학회, 한글 맞춤법 통일안 마련 | 이득주 중령 가족 몰살 사건 발생 | 문공부, 출판 활성화 조치 발표

10월 20일 • 171

중앙정보부장 김종필, 일본에서 오히라 마사요시와 청구권 자금을 논의하다 | 제1차 일본 대중문화 개방 발표 | 문익환 목사 석방

10월 21일 • 179

청산리 전투가 시작되다 | 성수대교 붕괴 사고 발생 | 숙정문 복원 공사 완료 | 북한, 금강산 댐 착공 발표

10월 22일 • 187
뉴욕 소더비에서 「수월관음도」가 경매되다 | 송두율 교수, 국가보안법 위반 혐의로 구속 | 산악인 허영호, 마나슬루봉 단독 등정 성공

10월 23일 • 195
국군 포로 조창호, 43년 만에 귀환하다 | 노사정위원회, 주 40시간 근무 합의 | 백범 김구 암살범 안두희 피살

10월 24일 • 203
서울대학교 학생들, 학원 프락치 사건과 관련하여 중간고사를 거부하다 | 은행령 공포 | 공주에서 공산성 임류각지 발굴 | 보림사 불상에서 150여 권의 전적 출토

10월 25일 • 211
이순신, 명량대첩을 거두다 | 좌측통행제 실시 | 한강 유람선 운항 개시 | 백제 후손인 일본 남향촌 주민 152명 방한

10월 26일 • 221
박정희 대통령, 김재규의 총탄에 사망하다 | 안중근, 이토 히로부미를 저격하다 | 고려 공민왕이 피살되다 | 삽교천 방조제 준공

10월 27일 • 231

10·27 법난이 일어나다 | 분황사 석탑 보존공사 중에 유물이 담긴 돌상자를 발견하다 | 원효대교 준공

10월 28일 • 239

건대항쟁이 일어나다 | 고문 기술자 이근안이 자수하다 | 강원랜드 개장 | 고구려의 장수왕, 광개토왕비 건립

10월 29일 • 249

황사영 백서 사건이 발생하다 | 종말론 파동이 일어나다 | 『즐거운 사라』의 작가 마광수, 음란문서 유포 혐의로 구속되다 | 독립협회, 만민공동회 개최

10월 30일 • 257

광주 학생 운동의 발단이 된 나주역 사건이 일어나다 | 인천 호프집 화재로 중고생 56명 사망 | 우리나라 최초로 실리콘 발광실험 성공 | 영자 신문 「코리아 타임즈」 창간

10월 31일 • 265

조선의 예종, 『경국대전』 편찬을 완료하다 | 「한성순보」가 창간되다 | 조선, 경복궁을 신궁으로 하다

10월 1일

1910년 10월 1일

일제, 조선 총독부를 설치하다

경복궁 내에 지어졌던 조선 총독부 청사. '일제의 잔재를 철거함으로써 민족 정기를 회복하겠다.'는 명분 아래 1995년에 철거되었다.

우스개 중에 '3개 국어를 동시에 하는 방법'이라는 것이 있다. 예를 들면 '핸들 이빠이 꺾어' 같은 것들이다. 여기서 '이빠이'는 일상생활 속에서도 매우 자주 들을 수 있는 말이지만 원래 일본어이다. 우리의 일상 대화 속에는 이런 일본어의 잔재가 헤아릴 수 없을 만큼 널리 퍼져 있다.

건물도 마찬가지이다. 서울시청 구청사와 서울역 구역사 등 서울을 대표하는 건물들이 모두 일제가 남겨 놓은 것들이다. 심지어 10여 년 전까지 옛 조선 총독부 건물이 정부 청사로 쓰이기도 하였다.

이 건물을 하늘에서 보면 '日'자 형태이다. 따라서 '大'자 형상인 북한산과 '本'자 모양인 서울시청과 합쳐져 '大日本'을 나타냈다. 하지만 조선 총독부 건물은 1995년에 광복 50주년을 기념하기 위한 '역사 바로 세우기'의 일환으로 철거되었다.

조선 총독부는 일제의 식민 지배 전략에 따라 설치된 것이다. 1910년 8월에 발표된 한일병합조약으로 조선을 강제 병합한 일제는 먼저 통치 기구의 설치에 나섰다. 병합조약이 조인된 날에 발표된 '조선 총독부 설치에 관한 건'은 그 윤곽을 그린 것이었다.

이를 통해 준비가 어느 정도 마무리되자 일제는 9월에 '조선 총독부 관제'를 발표하였다. 이에 따라 기존의 통감부에 옛 조선의 정부 조직을 일부 적용한 조선 총독부를 10월 1일에 설치하고, 통감 테라우치를 총독으로 내세웠다.

총독은 식민지나 자치령 등에서 본국 군주의 대리인으로서 정치, 군사 등 모든 통치권을 행사하는 관리를 말한다. 조선 총독은 현역 육·해군대장 중에서 임명하는 것을 원칙으로 하였다. 천황 직속의 지위였기 때문에 사실상 누구의 간섭도 받지 않는 자리였다.

총독은 조선에서 입법·사법·행정의 3권과 육·해군의 통솔권까지 장악한 명실상부 최고의 권력자였다. 이런 자리에 현역 군인을 등용한 다고 규정한 것은 무단통치에 대한 일제의 의지를 드러낸 것이다.

총독부의 기구는 크게 중앙과 지방으로 나눌 수 있다. 중앙 기구는 가장 가까이에서 총독을 보필하는 총독관방을 비롯하여 총무부·내무부·탁지부·농상공부·사법부 등 5부로 구성되었다.

총독 밑에는 문관 출신의 정무총감을 두어 총독을 보좌하고 5부의 사무를 지휘·감독하게 하였다. 정무총감도 총독과 마찬가지로 천황이 직접 임명하는 친임관이었다.

하지만 실제로 총독부의 행정에 깊숙이 관여한 것은 헌병경찰의 지휘자인 경무총감이었다. 이는 무단통치 아래에서 문관보다 무관이 더 대접받았음을 보여 주는 것이었다. 총독부에는 그 밖에도 중추원·철도국·통신국 등 독립된 부속기관들이 매우 많았다.

지방 조직은 전국을 경기도, 충청남·북도, 전라남·북도, 경상남·북도, 강원도, 황해도, 평안남·북도, 함경남·북도 등 13도로 크게 나누고 그 밑에 부·군의 중간 기관을 두었다. 다시 그 아래에 읍·면이 설치되어 3단계로 구성되었다.

도의 책임자인 도 장관 밑에는 서무와 회계를 처리하고 장관을 보좌하는 장관관방과 내무부·재무부가 있었다. 다만 경찰권은 중앙의 경무총감 관할이었기 때문에 장관은 도 경무부장에게 필요한 명령을 내리게 하는 정도의 간접적인 권한만을 행사하였다. 지방 조직에는 다수의 조선인들이 기용되었지만 실권은 일본인 관리가 장악하고 있었다.

조선 총독부는 처음에 남산 기슭에 있던 통감부 건물을 그대로 사용하였다. 그러다가 1916년에 보란 듯이 경복궁 근정전 앞에 총독부 청사를 짓기 시작하였다. 10년의 공사 끝에 완공된 총독부는 본래 경복궁의 축과는 3.5도 틀어져 있었다. 그래야 일본의 조상신을 모시는 남산의 조선 신궁을 마주볼 수 있었기 때문이었다.

또한 총독부는 풍수적으로 조선의 정기를 끊을 목적을 지닌 가장 크고 고약한 쇠말뚝이었다. 이 때문에 철거 당시 총독부 건물의 첨탑이 잘려 나갈 때 수많은 사람들이 환호성을 질렀다.

하지만 친일파들이 독립투사들보다 더 당당히 사는 우리나라의 일그러진 모습이 계속되는 한, 수백 개의 총독부를 부순다고 해도 그것은 공허한 울림일 뿐이다.

* 1906년 2월 1일 '통감부 업무 개시' 참조
* 1910년 8월 22일 '한일병합조약이 조인되다' 참조

936년 10월 1일

고려, 후삼국을 통일하다

918년에 왕건은 궁예를 몰아내고 왕위에 올랐다. 그는 태봉이라는 국호를 버리고 고구려를 계승한다는 의미에서 고려로 이름을 바꾸었다. 이듬해에는 송악으로 수도를 옮겼다.

그러나 아직 도처에 독자적인 무력을 갖춘 호족들과 논공행상論功行賞에 불만을 가진 내부 세력들이 도사리고 있어 정국은 불안하였다. 이를 타개하기 위해 왕건은 결혼 정책을 통해 호족들과의 유대를 다졌다.

왕건은 신라에 우호적이었으며 후백제와도 초기에는 친선을 유지하

였다. 그러나 920년 견훤이 신라의 합천을 침범하자 잠시나마 유지되던 평화가 깨지고 말았다. 후백제의 공격을 받은 신라가 고려에 구원군을 요청했는데 왕건이 이를 받아들였기 때문이다. 이들은 925년 조물군曹物郡에서 만나 본격적으로 대결을 시작하였다. 하지만 승부를 내지 못하고 휴전하면서 서로 인질을 교환하였다.

그런데 이듬해 고려에 인질로 잡혀온 견훤의 사위 진호가 병으로 죽었다. 견훤은 이를 트집 잡아 고려의 인질인 왕신을 죽이고 고려를 공격하였다. 아직 후백제에 비하여 군사력이 약했던 고려는 수비에만 집중하였다. 그러나 927년에 견훤이 신라의 경주까지 쳐들어가 경애왕을 죽이고 온갖 만행을 벌이자 왕건도 가만히 지켜볼 수만은 없었다. 왕건은 군사 5,000명을 거느리고 직접 대구 공산으로 출전하였으나 견훤에게 대패하였다.

그러나 이에 굴하지 않고 전열을 재정비한 고려군은 929년 고창군(지금의 안동) 전투에서 후백제군 8,000명을 죽이는 대승을 거두었다. 이 싸움은 후삼국의 정세를 일거에 바꿔 놓았다.

후백제는 이후 수군을 동원해 몇 번 고려를 공격하였지만 큰 타격을 주지 못하였다. 오히려 934년 홍성 전투에서 유금필에게 대패하여 결정적인 상처를 입었다.

그러나 후백제가 멸망의 지름길로 들어선 것은 무엇보다도 스스로의 내분 때문이었다. 935년에 견훤은 넷째 아들인 금강에게 왕위를 넘기려 하였다. 그러자 이에 불만을 품은 큰아들 신검이 견훤을 금산사에 가두고 금강을 살해하였다. 견훤은 가까스로 금산사를 탈출해 고려에 항복하였다. 곧이어 경순왕도 신라를 왕건에게 넘겼다.

이제 남은 것은 신검뿐이었다. 마침 견훤의 사위 박영규가 항복하면서 고려가 공격하면 안에서 지원하겠다는 약속을 보내왔다. 이에 왕건은 936년 대규모의 군사를 일으켜 후백제 정벌에 나섰다. 왕건과의 전투에서 후백제군은 크게 패해 본국으로 달아났다. 그해 10월 1일 고려군이 이들을 뒤쫓아 황산의 탄령까지 넘자 신검은 더 이상 버티지 못하고 항복하였다.

이로써 왕건은 즉위 19년 만에 후삼국의 통일이라는 대업을 이루었다. 비록 발해의 영토까지 포함한 완전한 통일은 아니었지만 중국의 개입 없이 이루어진 통일이었다는 점에서 의의가 있다.

* 877년 1월 14일 '태조 왕건이 태어나다' 참조

1946년 10월 1일

대구 10·1 사건이 발생하다

광복 이후 미 군정의 쌀 배급 정책이 실패하여 우리나라는 기근에 시달리고 있었다. 게다가 콜레라까지 창궐한 대구는 미 군정이 전염을 막는다며 이동을 봉쇄해 버린 까닭에 사정이 더 좋지 않았다. 농작물과 생필품 공급이 중단되었고 쌀값은 60배나 폭등하였다.

또한 국립경찰로 채용된 친일파 경찰들은 농민들의 쌀을 강탈하였다. 이 때문에 경찰에 대한 시민들의 분노는 점점 커져 갔고 민심은 매우 흉흉해졌다.

한편 1946년 5월 정판사 위조지폐 사건으로 미 군정은 '공산당 활동 불법화'를 공표함과 동시에 공산당 간부들에 대한 대대적인 체포령을

내렸다. 이에 따라 조선 공산당 세력들은 미 군정에 대항하기 위해 '신전술'이라는 폭력 노선을 채택하였다.

이어 공산당과 조선노동조합 전국평의회(전평)는 노동자들을 선동하여 9월 총파업을 벌였다. 그런데 대구 노동자들의 시위 진압을 하던 경찰의 발포로 2명의 노동자가 사망하는 사건이 일어났다. 이 사건의 여파는 엄청났다.

10월 1일 아침, 노동자들이 시내에 집결하기 시작하였다. 굶주림에 지친 일반 시민들과 학생들도 시위에 합세하였다. 1만여 명의 군중에 포위된 대구경찰서장은 스스로 무장해제를 선언하고 수감되어 있던 정치범들을 석방하였다.

조선 공산당 지도부의 통제에 따라 노동자들은 질서 있게 경찰권을 인수하려 했다. 그런데 이때 거리 한쪽에서 흥분한 군중들이 경찰에 돌을 던지기 시작하였다. 궁지에 몰린 경찰관들도 자위권을 발동해 순식간에 17명의 시위대를 사살하고 말았다. 분노한 군중들은 폭도로 변했다. 군중들은 경찰관들을 구타하고 경찰 무기고를 털어 총기로 무장하였다. 누구도 사태를 수습할 수 없었다.

미 군정은 이튿날인 10월 2일에 대구에 계엄령을 선포하고 미군을 동원하여 시위를 진압하였다. 그러나 시위는 경북 지역을 넘어 전국적으로 확대되면서 1946년 말까지 계속되었다.

미군 보고서에 따르면 이 사건으로 경찰 38명, 공무원 163명, 민간인 73명이 사망하였고, 1,000여 명이 다쳤으며 30명이 행방불명되었다. 건물도 776동이나 파괴되는 등 피해 규모가 컸다. 공산당의 피해도 상당하였다. 검거된 당원이 7,000명이 넘었고 그중 1,500명이 구속되었다.

박헌영은 이 사건을 '10월 인민항쟁'으로 부르며 동학농민운동, 3·

1 만세 운동과 함께 우리나라의 3대 인민항쟁이라고 평가하였다. 한편 우익세력인 한국민주당은 '이번 투쟁은 박헌영 일파의 모략 선동에 기인한 것'이라며 맹렬히 비난하였다. 조선 공산당을 제외한 좌익계열 9개 정당 대표들도 이번 싸움이 '박헌영의 공산당이 벌인 모험주의'라고 평가하였다.

대구 10·1 사건은 전국적인 규모의 대중 운동이었다. 이 사건의 근본 원인은 미 군정의 일제강점기 지배 체제 유지와 식량정책 실패, 가혹한 수매, 경찰과 반공청년단의 좌익 사냥, 친일파와 민족반역자들의 권력 복귀 등이 민심을 자극한 것에 있었다.

* 1946년 9월 23일 '우리나라 노동 운동 사상 최대 규모의 총파업이 시작되다' 참조

1942년 10월 1일

조선어학회 사건이 발생하다

1919년 3·1 만세 운동 이후 우리나라에서는 한글에 대한 관심이 높아졌다. 그에 따라 본격적으로 한글을 연구하고 지키기 위해 1921년에 조선어 연구회가 창립되었다.

이들은 1929년에 조선어 사전 편찬회를 조직하여 한글을 연구·정리·보급하는 활동을 하였다. 1931년에 조선어 연구회는 조선어학회로 이름을 바꾸었다.

한편 만주사변 이후 일제는 조선에 대한 탄압을 강화하였다. 이때부

터 시작된 민족말살정책의 일환으로 일제는 우리말 교육을 폐지하였다. 이런 분위기 속에서 우리말을 연구하고 보존하려는 조선어학회는 일제에 있어 가장 눈에 거슬리는 단체였다.

일제의 탄압이 도를 넘어서자 조선어학회는 사전 편찬을 서둘렀다. 1942년 4월에 조선어 사전 편찬회는 사전 일부를 먼저 인쇄하기 시작하였다. 이때 일제는 조선어학회의 사전 편찬을 막기 위해 함흥 학생 사건을 꾸몄다.

함흥 영생여자고등보통학교 학생 박영옥이 기차 안에서 친구들과 태극기를 그리며 '우리나라 국기'라고 속삭이다가 경찰에게 발각되었다. 취조 결과, 조선어학회의 사전 편찬위원이자 박영옥의 은사인 정태진이 관련되었음이 밝혀졌다. 그해 9월 5일 경찰은 정태진을 잡아 조선어학회가 독립운동을 하고 있다는 거짓 자백을 받아냈다.

이 때문에 10월 1일부터 조선어학회 관련자 수십 명이 검거되었다. 이들은 유치장에서 1년이나 모진 고문에 시달린 후 '학술단체를 가장하여 국체國體 변혁을 도모한 독립운동 단체'라는 죄명으로 기소되었다. 그러나 이것은 모두 일제가 국학 연구를 탄압하기 위해서 꾸며낸 것이었다.

그 후 1943년 4월까지 일제는 치안유지법의 내란죄를 적용하여 사전 편찬 위원과 재정 보조자 33명 중 16명은 기소, 12명은 기소유예하고 나머지는 석방하였다. 기소된 사람 중 이윤재와 한징은 심한 고문과 굶주림, 추위에 시달리다 옥사하였다. 장지영과 정열모는 공소 소멸로 석방되었다. 그래서 남은 12명이 공판에 넘어갔다.

재판은 1944년 12월부터 1945년 1월까지 9차에 걸쳐 열렸다. 이 재판에서 이극로는 징역 6년, 최현배는 징역 4년, 이희승은 징역 2년 6

월, 정인승과 정태진은 각각 징역 2년, 김법린·이중화·이우식·김양수·김도연·이인은 징역 2년에 집행유예 3년, 장현식은 무죄가 선고되었다. 이들은 해방 후인 1945년 8월 17일에 모두 풀려났다.

* 1921년 12월 3일 '조선어 연구회 창립' 참조
* 1933년 10월 19일 '조선어학회, 한글 맞춤법 통일안 마련' 참조

10월의
모든 역사

10월 2일

1973년 10월 2일

서울대학교 학생들, 유신 반대 시위를 벌이다

"오늘 우리는 전 국민의 생존권을 위협하는 이 참혹한 현실을 더 이상 간과할 수 없어서 스스로의 양심에 따라 무언의 저항을 넘어서서 분연히 일어섰다."

- 서울대학교 문리과대학 비상총회 선언문

1972년 10월 17일 전국에 비상계엄령이 내려진 가운데 10월 유신이 선포되었다. 바야흐로 박정희의 종신 집권이 시작된 것이었다.
   소위 '한국적 민주주의'를 표방한 유신 체제 하에서 이듬해인 1973년 2월에는 많은 언론기관이 폐쇄 조치를 당했고 8월에는 김대중이 일본에서 납치당하는 등 민주화를 위협하는 사건들이 연이어 일어났다.
   그리고 1973년 10월 2일 서울대학교 문리과대학 학생 250여 명은 4·19 기념탑 앞에서 비상총회를 열었다. 그들은 이 자리에서 다음과 같은 사항을 요구하는 선언문을 낭독하였다.

   1. 파쇼 통치의 중지와 국민의 기본권을 보장하는 자유민주체제의 확립
   2. 대일 예속화의 중지와 민족자립 경제체제의 확립을 통한 국민 생존권의 보장
   3. 파쇼 통치의 원흉인 중앙정보부 해체와 김대중 사건의 진상 규명
   4. 기성 정치인과 언론인의 각성

   학생들은 '정권의 유신이냐, 국민의 노예화냐'라고 적힌 플래카드를 앞세우고 독재 타도를 외치며 2시간 동안 교내 시위를 벌였다. 기동경찰이 교내까지 난입하여 이들을 해산시키고 180여 명을 현장에서 연행하였다. 그중 20여 명이 「집회 및 시위에 관한 법률」위반 혐의로 구속되었고 9명은 불구속 기소되었다. 그리고 57명은 즉심에 넘겨져 25일의 구류 처분을 받았고 나머지는 훈방 조치를 받았다.
   10월 4일에는 서울대학교 법과대학 학생 200여 명이 문리과대학 앞까지 진출하다가 기동대에 의해 해산되었다. 이튿날에는 상과대학 학생 300여 명이 '자유민주주의 확립은 우리의 살 길이며 지상과제다.'라

는 선언문을 낭독하고 동맹휴학에 돌입하였다.

10월 11일에 서울대학교는 수배 중인 학생과 경찰에 구속된 학생 가운데 일부를 제명 처분하였다. 또한 구속된 학생 중 시위에 깊이 관련되지 않은 학생과 불구속 입건된 학생 전부를 자퇴시켰다. 즉심에서 구류 처분을 받은 학생들은 무기정학 처분하였다. 이에 따라 23명이 제명당했고, 18명이 자퇴하였으며, 56명은 무기정학을 받았다.

이후 주동자 검거 및 구속 등 당국의 광범위한 사건 처리 작업이 전개되었다. 그 결과, 10월 13일 동대문경찰서에 자진 출두했던 문리과대학 학생회장 도종수와 시위 관련 혐의로 연행된 김일 등 2명이 10월 17일에 추가 구속되었다.

10월 28일에는 즉심에서 구류 25일을 받았던 학생들이 만기 석방되었다. 서울대학교 측은 교수회의를 통해 이 학생들에 대한 무기정학을 해제하였다. 그러나 서울지검 공안부는 구속된 학생들 중 주동자에 대해서는 강력한 조치를 취하기로 결정하였다.

이런 강경 진압과 징계 처분으로 시위는 잠잠해지는 듯하였다. 그러나 11월 5일에 경북대학교 학생 200여 명이 시가지로 뛰쳐나와 격렬한 시위를 벌이면서 사태가 급박하게 돌아가기 시작하였다.

이들은 구속 학생 석방, 학원 자유 보장, 비상사태 해제, 언론 자유 보장, 자유민주체제 확립, 대일 경제예속화 탈피 등을 내걸고 시위를 계속하였다. 학생들은 시위뿐만 아니라 동맹휴학, 시험 거부, 검은 리본 달기 등 다양한 방법으로 유신 반대 운동을 펼쳐나갔다. 이 운동은 점점 전국적으로 번져나갔다.

12월 초까지 고려대학교, 성균관대학교, 연세대학교, 부산대학교로 시위가 확대되었다. 수천 명의 학생들이 경찰과 충돌하여 최루탄과 돌이 난무하는 공방전이 벌어졌다. 학생 시위는 12월 7일에 박정희 대통령이 구속 학생 전원 석방 및 학사처벌 백지화를 지시한 이후에야 비로소 진정되었다.

이때의 학생 운동을 계기로 대중의 생존권을 중심으로 한 사회·경제적 쟁점들이 전면에 부각되기 시작했다는 점에서 이 시위는 큰 의의를 가진다.

* 1972년 10월 17일 '박정희 대통령, 10월 유신을 단행하다' 참조
* 1973년 8월 8일 '김대중 납치 사건이 일어나다' 참조

2007년 10월 2일

제2차 남북 정상회담 개최

2007년 8월 8일 청와대는 긴급 기자회견을 열고 제2차 남북 정상회담이 8월 28일부터 8월 30일에 걸쳐 개최될 것이라고 밝혔다. 그러나 북한의 수해로 인해 회담 일정이 10월 2일부터 10월 4일까지로 연기되었다.

1차 회담과 달리 2차 회담은 평양개성고속도로를 통한 육로 방문이었다. 회담 첫날인 10월 2일에 노무현 대통령은 국가 원수로서는 처음으로 걸어서 군사분계선을 통과하였다.

"저는 이번에 대통령으로서 이 금단의 선을 넘어갑니다. 제가 다녀오면 또 더 많은 사람들이 다녀오게 될 것입니다. 그러면 마침내 이 금단의 선도

지워질 것입니다. 장벽은 무너질 것입니다. 저의 이번 걸음이 금단의 벽을 허물고 민족의 고통을 해소하고, 고통을 넘어서서 평화와 번영의 길로 가는 계기가 되도록 노력하겠습니다."

공식 환영 행사가 열린 4·25 문화회관에는 김정일 국방위원장이 등장하여 놀라움을 안기기도 하였다.

10월 3일 오전에 양측 정상은 소수의 배석자를 대동하고 회담을 가졌다. 회담에 앞서 노무현은 김정일에게 나전칠기 병풍과 드라마·영화 DVD, 팔도 특산 차 세트를 선물하였다. 김정일은 노무현에게 500상자의 송이를 선물하였다.

10월 4일에 두 정상은 남북의 평화와 번영을 목표로 한 '2007 남북 정상 선언문'을 채택하였다. 이 선언문에는 한반도 종전 선언 추진, 남북 정상회담 수시 개최, 서해 평화협력 특별지대 설치, 백두산 관광 합의 등의 내용이 담겨 있어 남북 관계가 획기적으로 진전될 가능성을 보여 주었다.

그러나 이 선언 이후에도 남북 관계는 이렇다 할 진전을 보이지 못하였다.

* 2000년 6월 13일 '김대중 대통령, 김정일 국방위원장과 첫 남북 정상회담을 가지다' 참조

1920년 10월 2일

일본군, 제2차 훈춘 사건을 일으키다

1920년 6월에 봉오동 전투에서 패배한 일본군은 만주 지역의 독립군 세력을 약화시키기 위해서 중국 마적을 이용하기로 하였다. 그들은 장강호가 이끄는 마적단을 매수하여 훈춘을 습격하도록 하였다.

9월에 1차 습격을 하고 얼마 지나지 않은 10월 2일 새벽에 400여 명의 마적단이 훈춘성을 습격하였다. 이들은 중국군 70명과 독립군 7명을 살해하였다. 또 다른 마적들은 일본 영사관을 습격하여 불을 질렀다. 그리고 13명을 죽이고 30여 명에게 부상을 입혔다.

일본군은 이 사건을 불령선인不逞鮮人의 난동으로 몰아갔다. 그러고는 만주에 있는 일본인들의 생명과 재산을 보호한다는 구실로 군대와 경찰 파견대를 훈춘으로 출동시켰다. 그런데 이들은 마적을 토벌한다면서 오히려 독립운동가와 그 가족들을 무참하게 학살하였다. 이 사건으로 한민회韓民會와 독립단이 파괴되고 3,100명의 조선인이 희생당하였다.

이 때문에 김좌진의 북로 군정서를 중심으로 한 연합부대는 훈춘 사건을 핑계로 만주에 파견된 일본군을 몰아낼 계획을 진행시켰다. 그 결과, 청산리 전투가 벌어져 일본군을 대파하였다.

* 1920년 6월 7일 '대한북로독군부, 봉오동 전투에서 일본군에 대승을 거두다' 참조
* 1920년 9월 12일 '일본군, 제1차 훈춘 사건을 일으키다' 참조
* 1920년 10월 21일 '청산리 전투가 시작되다' 참조

1898년 10월 2일

배화학당 설립

1898년 10월 2일 미국 남감리교 선교사인 조세핀 필 켐벨이 고간동(지금의 내자동)에 캐롤라이나 학당을 창설하였다. 개교 당시 학생 수는 여학생 2명, 남학생 3명이었다.

1909년에 기독교인이자 교육자였던 윤치호가 캐롤라이나 학당의 이름을 '꽃을 기른다'는 의미의 '배화培花'라고 지어 주었다. 이에 따라 1910년에 배화학당으로 개칭하고 초대 교장 대리로 선교사 니콜스가 취임하였다.

1925년에 교명을 배화여자고등보통학교로 바꾸고 이듬해 종로구 필운동에 캠벨 기념관을 신축하였다. 1946년에는 이름을 배화여자중학교로 바꾸었다. 이 학교는 한국전쟁이 발발하자 부산으로 피난을 떠나 그곳에 임시 교사를 신축하고 교육을 계속하였다.

1951년 5월 18일에 교육법이 개정되면서 배화여자중학교와 배화여자고등학교로 분리 개편되어 현재에 이르고 있다.

10월 3일

1950년 10월 3일

국군, 38선을 돌파하여 간성을 탈환하다

"이 전쟁의 궁극적인 목적은 국토 통일이어야만 한다."

-이승만

1950년 9월 28일 서울 환도식에 참석한 이승만 대통령은 미국 정부의 신중론에도 불구하고 북진을 명령하였다.

이에 10월 1일 보병 제3사단 제23연대는 제3대대를 선두로 하여 양양을 목표로 진격을 개시하였다. 오전 10시 제3대대가 상구면 영고리에 이르렀을 때 적의 공격이 시작되었다. 이곳에서 제3대대는 1시간여에 걸친 치열한 교전 끝에 적군 25명을 사살하고 2명을 생포하였다. 그리고 기관포 3문, 수냉식 기관총 2정, 체코식 경기관총 2정, 장총 12정, 다발총 2정을 노획하는 전과를 거두고 양양으로 진격하였다.

이튿날 오전 제23연대의 주력 부대가 숙영지를 출발하여 오후 2시에 목표인 양양에 돌입하였다. 그때 적의 경미한 반격이 있었으나 큰 저항은 없었다. 이 무렵 수도사단 제18연대도 양양의 서쪽으로 돌입하였다. 이처럼 양양을 탈환한 주력 부대는 북으로 진군을 계속하여 강선리까지 진출하였다.

한편 제22연대는 강릉 경비의 임무를 끝내고 전진 부대의 뒤를 이어 양양으로 이동하여 집결하였다. 이와 동시에 강릉에 머물고 있던 사단 공병대대도 양양으로 이동하였다. 국군의 공세에 밀린 적군은 양양에서 저항을 시도하다가 간성으로 퇴각하였다. 일부는 양양 서북쪽에 있는 설악산으로 들어갔다.

곧이어 10월 3일에 사단은 전방 지휘소를 양양으로 이동시켰고, 주력 부대는 계속 원산을 향해서 북진을 감행하였다. 제26연대는 이날 강선리에서 제23연대를 추월하여 무난히 간성을 탈환하였다.

제23연대는 간성에서 패퇴하는 적을 추격한 끝에 12명을 사살하고 10명을 포로로 잡았다. 그리고 소련식 장총 3정, 수냉식 경기관총 14정, 체코식 경기관총 11정 등을 노획하였다. 오후 6시에는 간성 북쪽으로 10km 떨어진 거진리에 집결하였다. 같은 시각에 연대 본부도 주문진에서 출항하여 속초항에 상륙하였다.

사단 공병대대도 이날 양양을 출발하여 간성으로 이동하였으며, 포병대대는 변동 없이 각 연대를 지원하면서 일면 약진과 일면 포진을 반복하였다. 특히 이날 양양의 사단 사령부는 일반 명령 제3호에 의거하여 사단 수송중대를 편성하였다. 초대 중대장으로 홍두호 소령을 임명하여 수송 임무의 수행을 위한 조직 체계를 확고히 하였다.

그리고 제1군단 사령부에서도 군단 직할로 제3유격대와 제5유격대를 편성하였다. 산악지대에 잠입한 적병들이 수시로 국군의 후방에 출몰하여 군용 차량을 비롯한 지서와 주요 시설 등을 습격하였기 때문이다.

군단장 김백일 소장은 군단 사령부를 방문한 미 제8군 사령관 워커 중장, 제5공군 사령관 패트리지 소장 등과 비밀회의를 개최하였다. 연합군은 10월 9일에 원산 외곽에 도달하였으며, 11일에는 소탕작전을 마쳤다. 소련과 중국의 개입 가능성 때문에 38선 돌파를 두고 신중론을 펼쳤던 미국 입장에서 이 승리는 놀라운 성과였다.

기세를 몰아 연합군은 10월 19일 평양을 탈환하며 승기를 굳히는 듯하였으나 이듬해 중국이 전쟁에 참가하면서 전세는 다시 역전되고 말았다.

* 1950년 6월 25일 '한국전쟁이 발발하다' 참조

* 1950년 9월 15일 '유엔군, 인천 상륙 작전을 개시하다' 참조

* 1950년 9월 28일 '연합군, 서울을 수복하다' 참조

* 1950년 10월 19일 '국군 제1사단, 평양 탈환' 참조

* 1951년 10월 14일 '중국군, 한국전쟁에 참전' 참조

2005년 10월 3일

상주 콘서트 압사 참사 발생

2005년 10월 3일 상주 시민운동장에서 공연을 보러 온 관객들이 입장하다가 인파에 밀려 압사당하는 사고가 일어났다.

이날 상주 시민운동장에서는 MBC 가요 콘서트 공개방송이 예정되어 있었다. 이 방송에는 유명 트로트 가수들과 아이돌 가수들의 출연이 예정되어 있었기 때문에 인근 지역 노인들과 어린이들이 많이 와 있었다. 주최 측에서는 사람이 많이 몰릴 것을 예상하고 1만 5,000개의 좌석을 추가로 설치해 둔 상황이었다.

주최 측에서는 오후 6시로 예정된 행사 직전까지 문을 개방하지 않으려 하였다. 그러나 경찰은 날이 어두워지고 대기인원이 많아지자 5시 30분쯤 출입구 개방을 요구하였다. 주최 측은 이를 거부하다가 결국 5시 40분쯤에 직3문을 개방하였다. 직3문 앞에는 약 5,000명의 시민들이 입장을 기다리고 있었다.

문이 열리자 좋은 좌석을 차지하기 위해 사람들이 동시에 밀려들었다. 그 바람에 앞쪽에 있던 할머니 한 명이 쓰러지면서 연쇄적으로 사람들이 넘어지기 시작하였다. 직3문 앞은 순식간에 아수라장이 되었다. 이 사고로 11명이 숨지고 수십여 명이 다쳤다.

사고가 일어난 직3문은 원래 입구가 아닌 출구여서 진입로가 운동장 안쪽으로 높아지는 구조였다. 따라서 한꺼번에 많은 사람이 입장할 경우 사고 위험이 큰 곳이었다. 게다가 직3문에 배치된 경찰은 두 명뿐이었다.

문이 열리고 사람들이 연쇄적으로 넘어지자 당황한 안전요원이 문을 다시 닫으려 하면서 중간에 끼인 사람들이 더욱 큰 피해를 입었다. 사고 이후 지휘체계가 전혀 없었던 탓에 수습도 제대로 되지 않았다.

수사 결과, 행사를 주관한 국제문화진흥협회가 터무니없이 낮은 가격에 행사를 진행했다는 사실이 밝혀졌다. 이 때문에 경비용역업체에 지급할 돈이 부족하여 충분한 통제 인력을 확보하지 못한 것이었다. 이는 협회와 상주시 간의 비리 의혹을 불러일으켰다.

또한 협회의 경우 비영리단체라 행사를 직접 진행할 수 없었다. 그래서 협회 부회장이 대주주였던 별도의 이벤트 회사에 공연 업무를 위임하였던 것으로 밝혀졌다. 심지어 경호업체도 세금 문제로 허가가 취소된 업체였다.

고질적인 안전불감증으로 인해 미연에 방지할 수 있었던 사고가 대형 참사로 이어진 사건이었다.

1967년 10월 3일

포항종합제철단지 기공식

1960년대 말 급격한 산업발달로 인하여 철강재 및 주원료의 국내 수요는 크게 증가하였다. 그러나 철강재의 국내 생산량은 수요에 미치지 못하였다. 주원료 또한 많은 양을 수입에 의존하고 있는 실정이었다.

또한 제선製銑 기술이 취약하고 시설물도 낙후되어 있었다. 따라서 철강 산업이 발전하려면 영세성을 탈피하고 근대화·대형화될 필요가 있었다. 그리하여 제선·제강·압연 공정을 일괄적으로 처리할 수 있는 종합제철공장 건설이 계획되었다.

　1967년 10월 3일 경상북도 포항시에 232만 평의 종합제철단지를 세우는 공사가 시작되었다. 공사는 6년 후인 1973년에 완료되었다.

　이후 1976년에는 2기 설비를 성공적으로 준공하였다. 이 공사로 조강 연산 260만t 규모의 안정적인 조업 기반을 구축한 포항제철은 1978년 12월에 조강기준 연산 550만t 규모의 제3기 설비를 준공하였다. 1981년 2월에는 조강기준 연산 850만t 규모의 제4기 설비를 준공하였다. 그리하여 그해 수출 1억 4,000만 달러를 달성하는 성과를 거두었다.

2006년 10월 3일

서해대교 29중 추돌사고 발생

　2006년 10월 3일 서해안고속도로 상행선 서해대교에서 29중 차량 추돌사고가 발생하여 11명이 사망하고 46명이 다쳤다. 이 사고로 서해대교 구간이 7시간 40분 동안 전면 통제되었으며, 하행선도 사고처리 여파로 극심한 혼잡에 시달렸다.

　이날 오전은 안개가 무척 짙게 끼어 안개주의보가 발령되어 있었다. 7시 50분경 서해대교 북단 근처 3차로에서 25t 화물트럭이 앞서 가던 1t 트럭을 들이받은 것이 사고의 시작이었다.

　추돌의 충격으로 25t 화물트럭은 2차로로 튕겨 나왔고 그 바람에 2차로를 뒤따르던 승용차와 버스, 화물트럭 등 27대가 연쇄 추돌하였다. 심지어 화물트럭의 연료탱크가 터지면서 차량 11대에서 잇달아 화재가 발생하였다.

짙은 안개 때문에 사고 당시 시정거리는 100m 안팎에 불과하였다. 그러나 25t 화물트럭이 속도를 줄이지 않고 달리는 바람에 이와 같은 사고가 일어나고 말았다.

10월 4일

1979년 10월 4일

김영삼 신민당 총재, 국회의원직에서 제명당하다

국회의원 김영삼은 국회법 제26조에 의한 국회의원으로서의 신분을 일탈하여 국헌을 위배하고 국가안위와 국리민복國利民福을 현저히 저해하는 허위사실을 유포하는 등 반국가적 언동을 함으로써 스스로 주권을 모독하여 국회의 위신을 실추시키고 국회의원으로서의 품위를 손상시켰으므로 국회법 제157조에 의해 징계를 요구한다.

-김영삼 징계동의안

1979년 8월 YH 무역의 여성 노동자 172명이 서울시 마포구에 있는 신민당 당사에서 농성을 벌인 일이 있었다. 이때 이들을 받아준 신민당 총재 김영삼은 사태가 진압된 후 경찰에 의해 강제로 상도동 집으로 끌려갔다. 박정희는 이 사건을 기회로 눈엣가시였던 김영삼을 처리하기로 마음먹었다.

그해 9월 법원이 김영삼에 대한 신민당 총재직 정지 가처분 결정을 내렸으나 취소되었다. 이에 김영삼은 9월 16일자 「뉴욕 타임스」와의 기자회견 중 미국에 박정희 정권에 대한 지지를 철회하라는 요구를 하였다. 즉 '미국은 한국에 대해 원조 제공을 중단하고 민주화 조치를 취하도록 압력을 가하라'고 촉구한 것이었다.

여당은 김영삼 총재의 기자회견 내용을 사대주의로 규정하였다. 그리고 9월 22일에 민주공화당과 유신정우회는 소속 국회의원 160명 전원의 이름으로 국회에 김영삼 신민당 총재에 대한 징계동의안을 제출하였다.

10월 4일 신민당 의원들이 국회 본회의장을 점거했음에도 불구하고 백두진 국회의장이 구두로 법제사법위원회에 김영삼에 대한 징계동의안을 회부하였다. 3분 후 소집된 법제사법위원회에서 야당 의원에게는 알리지 않은 채 40초 만에 김영삼 제명을 날치기 통과시켰다.

이로써 의정 사상 최초로 국회에서 현직 국회의원을 제명하는 사태가 발생하였다. 뒤늦게 달려온 신민당 의원들은 회의장으로 들어가려다가 경찰들과 충돌을 빚었다. 야당 의원들의 통곡, 욕설, 드잡이로 회의장은 엉망진창이 되었다.

이 사태 이후 신민당 의원 전원은 무기한 등원 거부 결정을 내렸다. 당시 신민당 대변인이었던 박권흠은 "민주주의는 조종弔鐘을 울렸다."며 전국 각 지구당에 당기黨旗를 조기弔旗 형태로 달라는 명령을 하달하였다. 그리고 10월 13일에 김영삼의 의원직 제명에 반발한 신민당 의원 66명과 민주통일당 의원들은 집단 사퇴를 결의하였다. 이는 부산·마산 출신 국회의원들과 그 지역의 민심을 크게 자극하였다.

사태는 대학가로까지 확산되었다. 10월 15일 부산대 학생들의 '민주선언문' 배포를 시작으로 16일과 17일 이틀 동안 대학생들과 시민 등 5,000명이 가담한 대규모 반정부 시위가 벌어졌다. 이들은 유신정권 타도 등을 외치며 경찰서·도청·방송국 등을 파괴하였고, 18일에는 마산 및 창원 지역으로 시위가 확산되었다.

이에 정부는 10월 18일 0시를 기해 부산 지역에 비상계엄령을 선포하였다. 20일 정오에는 마산 및 창원 일원에도 위수령衛戍令을 발동하고 군을 출동시켰다. 이로써 시위는 진정되었으나 6일 뒤 '10·26 사태'가 발생하여 박정희의 유신 정권은 종말을 맞았다.

* 1979년 8월 11일 '경찰, YH 무역 농성 여공 172명을 강제 해산하다' 참조
* 1979년 10월 16일 '부마 민주 항쟁 발생' 참조
* 1979년 10월 26일 '박정희 대통령, 김재규의 총탄에 사망하다' 참조

1935년 10월 4일

최초의 발성 영화 「춘향전」 개봉

1935년 10월 4일 단성사에서 우리나라 최초의 발성 영화 「춘향전」이 개봉되었다. 발성 영화라고는 하지만 대사도 몇 마디 없었고, 홍난파가 작곡한 주제곡도 영화 주제와 맞지 않는 서양음악이어서 무척 어설펐다. 당시 「동아일보」는 이 영화를 다음과 같이 평하였다.

> 클라이맥스가 분명치 아니하고 각 부분이 어느 한 점을 향하여 응應하게 하는 긴밀한 수법이 쓰여 있지 않다.

그러나 다듬이 소리, 대문 여닫는 소리가 들린다는 것만으로도 신기했던 관객들은 극장으로 몰려들었다. 입장료는 무성 영화 관람료의 두 배인 1원이었다.

입장료가 비싸진 이유는 무성 영화에 비해 제작비가 많이 들었기 때문이다. 「춘향전」의 제작비는 1만 원 정도였다. 그 무렵 무성 영화 한 편 제작비가 2,000~4,000원 정도였던 것을 감안하면 엄청난 액수였다.

제작사인 경성촬영소는 조명과 촬영 설비를 최신형으로 바꾸고 촬영장을 개축하는 데 대대적인 투자를 하였다. 말하자면 「춘향전」은 당시의 블록버스터였던 것이다.

「춘향전」이 나오고 4~5년이 지나자 발성 영화는 영화계의 주류가 되었다. 이로 인해 30여 년간 관객을 울리고 웃기며 높은 인기를 누리던 변사들도 역사 속으로 사라졌다.

1895년 10월 4일

울릉도에 도감 설치

1868년 일본에서는 도쿠가와 막부가 붕괴되고 메이지 유신 정권이 수립되었다. 이와 동시에 일본이 조선을 정벌해야 한다는 정한론征韓論과 대외팽창론이 퍼지기 시작하였다. 이때부터 일본인들이 울릉도에 몰래 들어가 목재를 베어 가고 고기잡이를 하는 일이 증가하였다. 1881년 조선 수토관들이 이것을 적발하여 조정에 보고하였다.

이로 인해 1882년 10월 4일에 울릉도에 대해 '공도정책空島政策'이 폐기되고 '재개척정책'이 채택되었다. 왜구의 침입을 예방하기 위해 관원을 파견하고 도민을 철수시켰던 공도정책이 울릉도와 독도를 점점 잊혀져 가는 섬으로 만들어 버렸기 때문이다. 조정은 다시 울릉도에 관심을 기울이기 시작하였다.

조정은 산삼과 약재를 구하러 울릉도에 출입했던 전석규를 도장島長에 임명하고 재개척사업을 준비하도록 하였다. 그러나 갑신정변이 실패한 뒤 재개척사업은 중단되었다.

1894년에 온건 개화파가 집권하자 그해 12월 다시 울릉도에 전임 도장을 두었다. 그리고 1895년에는 도장을 도감島監으로 격상시키고, 초대 도감에 배계주를 임명하였다. 이로써 울릉도 재개척사업이 다시 활기를 띠어 마을이 조성되고 인구가 늘어났다.

1900년에는 칙령을 발표하여 울릉도를 울도군으로 정하였다. 그리고 관할구역을 울릉도 전체와 죽도, 독도로 규정해 독도를 공식적으로 우리 영토에 포함시켰다.

1965년 10월 4일

강재구 대위,
부하 살리기 위해 수류탄을 몸으로 막아 순직

  1965년 10월 4일 맹호부대 소속의 강재구 대위는 강원도 홍천군 북방면 성동리 훈련장에서 부하들에게 수류탄 투척 훈련을 시키고 있었다.

  그때 한 이병이 안전핀을 뽑은 수류탄을 던지려고 팔을 뒤로 젖히다가 수류탄을 떨어뜨리고 말았다. 수류탄은 대기 중이던 중대 병력 한가운데로 떨어졌다. 그대로 터질 경우 수십 명이 희생될 상황이었다.

  그것을 본 강재구 대위는 부하들의 생명을 구하기 위해 자신의 몸을 날려 수류탄을 덮었다. 뒤이어 폭음이 사방을 뒤흔들었고, 강재구 대위는 그대로 산화하였다. 그의 나이 고작 28세였다.

  그의 장례는 육군장으로 치러졌고 소령으로 특진되었다. 4등 근무공로훈장이 추서되었다. 그의 숭고한 군인정신을 기리기 위해 그가 속했던 대대는 '재구대대'라 이름 붙여졌으며, 기념비가 세워졌다. 그리고 강원도 홍천군 북방면에는 강재구 소령 추모기념관이 세워졌다.

10월 5일

1988년 10월 5일

국회, 16년 만에 국정감사를 재개하다

국회는 국정을 감사하기 위하여 필요한 서류를 제출하게 하며 증인의 출석과 증언 또는 의견의 진술을 요구할 수 있다.

-제헌 헌법 제43조

국정감사는 제헌 헌법에 근거를 두고 1949년부터 매년 실시되었다. 그러나 1972년에 유신 헌법이 만들어지면서 국정감사권이 삭제되었다. 국정감사가 부패를 야기하고 관계기관의 사무 진행을 저해한다는 이유에서였다. 이때부터 16년 동안 국정감사는 열리지 않았다.

그 후 군부 정치가 계속되던 1987년 6월에 시민항쟁이 일어났다. 이때를 정점으로 국민들의 민주화 열망은 극에 달해 있었다. 집권여당의 대표위원이었던 노태우는 직선제 요구와 헌법 개정을 수용한다는 6·29 선언을 발표하였다. 이 개정안은 10월에 국민투표로 확정되었다. 개정안에는 국정감사권을 부활시키는 등 국회의 정부 통제 권한을 확대하는 내용도 담겨 있었다.

이를 근거로 1988년 10월 5일 국회는 16년 만에 다시 국정감사를 실시하였다. 이때의 국정감사는 1980년의 언론 통폐합 조치 등에 대한 감사였다. 중앙행정부처와 산하 단체 등에서 1만 4,000여 건의 자료를 제출받고 증인 100여 명을 출석시켰다.

당시 13대 국회의원이었던 노무현, 이해찬, 이상수는 국정감사 내내 날카로운 질문을 퍼부어 '노동위 3총사'라 불리며 주목을 받았다. 이처럼 국정감사는 소위 '스타 정치인'을 낳기도 하였다.

또한 피감기관 장관의 업무추진비 내역을 처음으로 공개한 김문수, 삼성 그룹 비리를 파헤친 노회찬과 심상정 등도 국정감사를 통해 존재를 알리기 시작하였다.

물론 이후 국정감사의 본질을 훼손하는 일들도 비일비재하였다. 정파 간의 힘겨루기 양상으로 흐르기도 하였고, 호통과 모욕으로 일관하는 비생산적 국감으로 변질되는 일도 일어났다. 그에 따라 일각에서는 국정감사 기간 동안 피감기관들의 행정 공백이 크다며 상시 국정감사

제도를 도입해야 한다는 의견을 내놓기도 했다.

* 1987년 6월 10일 '6·10 민주화 항쟁이 일어나다' 참조
* 1987년 6월 29일 '노태우 민정당 대표, 6·29 민주화 선언을 하다' 참조

1978년 10월 5일

자연보호헌장 선포

1977년에 박정희 대통령은 자연보호위원회를 설치하였다. 이와 더불어 시·도·군 단위의 자연보호협의회와 사단법인 자연보호중앙협의회를 결성하도록 하였다. 자연보호를 위한 범국민 운동을 펼치기 위한 사전 준비 작업이었다.

그리고 이듬해인 1978년 10월 5일에 자연보호헌장을 선포하였다. 그 내용은 다음과 같다.

1. 자연을 사랑하고 환경을 보전하는 일은 국가나 공공단체를 비롯한 모든 국민의 의무이다.
2. 아름다운 자연 경관과 문화적·학술적 가치가 있는 자연 자원은 인류를 위하여 보호되어야 한다.
3. 자연보호는 가정, 학교, 사회의 각 분야에서 교육을 통하여 체질화될 수 있도록 하여야 한다.
4. 개발은 자연과 조화를 이루도록 신중히 추진되어야 하며, 자연의 보전이 우선되어야 한다.

5. 온갖 오물과 폐기물과 약물의 지나친 사용으로 인한 자연의 오염과 파괴는 방지되어야 한다.
6. 오손되고 파괴된 자연은 즉시 복원하여야 한다.
7. 국민 각자가 생활 주변부터 깨끗이 하고 전 국토를 푸르고 아름답게 가꾸어 나가야 한다.

우리나라의 자연보호 운동은 1970년대 후반에서 1980년대 중반에 걸쳐 쓰레기 줍기 운동, 쓰레기 안 버리기 운동, 쓰레기 되가져오기 운동 등을 펼쳤다. 이를 통해 자연환경 보전에 대한 국민들의 의식과 실천의지를 높일 수 있었다.

2007년 10월 5일

천연기념물 미호종개, 미호천에 방류

2007년 10월 5일 천연기념물 제454호인 미호종개가 미호천에 방류되었다. 순천향대학교 해양생명공학과 방인철 교수팀이 충북 음성군 미호천 지류인 초평천 상류에 인공으로 기른 미호종개 치어 3,000여 마리를 풀어놓은 것이었다.

이들은 인공부화 뒤 60일 동안 기른 4~5cm 크기의 치어로, 1년 6개월 정도 지나면 알을 낳을 수 있는 어미로 성장한다.

미호종개는 1984년에 미호천에서 처음 발견되어 '미호종개'라는 이름이 붙었다. 미꾸리과의 민물고기로 수질오염과 서식지 파괴 때문에 개체수가 급속히 줄어들었다. 그 때문에 2000년 이후 채집 기록이 없다가 2006년에 미호천의 다른 지류인 백곡천에서 대량 서식지가 발견되었다.

2012년 현재 천연기념물로 보호받고 있지만 4대강 공사로 인해 백곡천 등지의 서식지가 사라질 위기에 처해 있다.

10월 6일

671년 10월 6일

신라, 당나라를 공격하다

총관이 보낸 편지를 읽어 보니, 신라가 이미 반역한 것으로 되어 있으나 이는 본래 마음이 아니기에 두렵고 놀라울 뿐입니다. 공로를 스스로 헤아린다면 욕된 비방을 받을까 두렵지만 입을 다물고 책망을 받는다면 또한 불행한 운명에 빠지게 될 것이므로, 지금 억울하고 잘못된 것을 간략히 진술하고 반역한 사실이 없음을 함께 기록하였습니다.

당나라는 한 사람의 사신을 보내 일의 근본과 사유를 묻지도 않고 곧바로 수만의 무리를 보내 우리나라를 뒤엎으려 하여 누선樓船들이 푸른 바다에 가득하고 배들이 강 어귀에 줄지어 있으면서 저 웅진을 생각하여 저희 신라를 공격하시는 것입니까?

- 강수,「답설인귀서答薛仁貴書」

국제사회에서 '어제의 우방'이 '오늘의 적'이 되고, '오늘의 적'이 '내일의 우방'이 되는 것은 흔한 일이다. 즉 영원한 적도, 영원한 우방도 이 세상에 존재하지 않는다는 것이다. 각 나라들은 자신의 명분과 이익에 따라 끊임없이 뭉쳤다 헤어진다. 한국과 일본, 남한과 북한의 관계가 이를 잘 설명해 준다.

고대사회에서도 우방과 적은 수시로 바뀌었다. 신라와 당나라는 고구려라는 공동의 적이 존재할 때는 호두처럼 단단한 우방이었다. 그렇지만 고구려가 멸망하자 두 나라는 곧 으르렁거리기 시작하였다.

신라가 당나라와 동맹을 맺은 것은 처음부터 삼국을 통일하겠다는 거창한 목표에서 비롯된 것은 아니었다. 단지 고구려와 백제의 틈바구니 속에서 살아남기 위한 하나의 전략이었다. 반면 당나라의 속셈은 신라와의 동맹을 이용하여 한반도 전체를 장악하려는 것이었다.

본래 당나라는 백제와 고구려를 정복하면 평양 이남과 백제 땅을 신라에 넘겨주기로 약속하였다. 그러나 막상 백제와 고구려가 멸망하자 당나라는 웅진도독부와 안동도호부를 설치하여 그곳을 지배하였다. 안동도호부는 그 명칭에서부터 고구려만이 아니라 백제·신라 등 한반도 전체를 지배하겠다는 당의 야욕을 그대로 드러낸 것이다.

신라로서는 늑대를 물리쳤더니 호랑이를 만난 형국이었다. 그렇다고 가만히 앉아 당할 수도 없었다. 두 나라는 결국 정면 대결을 향해 치달았다. 신라는 웅진도독부가 관할하던 옛 백제 땅을 야금야금 차지하는 한편 고구려 부흥군을 지원하여 당나라를 한반도에서 축출하고자 하였다.

그러자 당나라는 670년 신라에서 사신으로 파견된 양도를 감옥에 가두어 죽이는 것으로 보복하였다. 신라는 여기에 아랑곳하지 않고 그해 7월 품일 등을 시켜 대대적으로 백제 지역을 공격하였다. 신라는 63개의 성을 빼앗은 후 그곳의 주민들을 신라로 이주시켰다.

이 소식을 들은 당나라 고종은 신라 사신 김흠순을 통해 백제의 옛 땅을 모두 돌려달라고 요구했다. 그러나 문무왕은 이를 거절하였다. 그리고 이듬해인 671년 신라군은 웅진도독부의 밥줄과도 같은 가림성의 벼를 짓밟았다. 이에 당나라는 신라군이 머물러 있는 석성石城에 쳐들어왔다. 본격적으로 신라와 당 사이에 전투가 벌어지기 시작한 것이었다.

이미 철저히 전쟁을 준비한 신라군은 이 싸움에서 크게 승리하였다. 적병 5,300명의 목을 베고 백제 장군 2명과 당나라 장교 6명을 사로잡았다. 이로써 백제의 고토故土는 거의 모두 신라의 수중에 들어갔다.

이에 당나라 총관 설인귀는 신라의 승려 임윤법사를 시켜 문무왕에게 신라의 행동은 반역이라며 꾸짖는 글을 보냈다. 이어 당의 본토와 안동도호부의 군사가 신라에 밀어닥칠 것이라고 협박하였다.

이에 문무왕은 과거 당나라가 고구려 정벌 후 영토를 분할하겠다는 약속을 지키지 않아 지금 충돌이 일어나고 있다며 조목조목 반박하였다. 이것이 강수가 쓴「답설인귀서」로, 외교문서 중 둘째가라면 서러울 정도의 뛰어난 문장으로 평가받고 있다.

이렇듯 신라가 강하게 받아치자 당나라는 9월에 장수 고간 등이 이끄는 군사 4만 명을 평양에 보내 대방 지역을 침범하였다. 이에 신라는 10월 6일 급찬 당천 등의 수군으로 당나라의 양곡 수송선을 공격하였다. 그리하여 당나라 배 70여 척을 침몰시키고 많은 군사를 고깃밥으로 만들었다. 아울러 장교와 병졸 100여 명을 포로로 잡았다.

이렇게 신라는 당과의 전쟁을 피하지 않으면서 외교적인 해결책도 함께 모색하였다. 672년 9월에 사죄사를 보내 당군 포로를 돌려보낸 것에서 잘 알 수 있다.

하지만 서로의 정책이 근본적으로 변하지 않는 한 파국을 면할 수는 없었다. 신라가 굴복하지 않자 당 고종은 문무왕의 관직을 박탈하였다. 또한 장안에 있던 문무왕의 동생 김인문을 신라 왕으로 삼아 유인궤의 군대와 함께 귀국시켰다. 그러나 유인궤는 675년 2월 칠중성을 격파하고 더 이상 진전이 없자 당으로 돌아갔다.

그러자 당 고종은 이근행에게 군사 20만 명을 주어 신라를 정벌토록 하였다. 두 나라는 매소성에서 크게 부딪쳐 신라가 3만여 필의 군마와 비슷한 양의 병기를 노획하는 대승을 거두었다.

이후로도 당의 공격은 계속되었지만 승부는 이미 결정되어 있었다. 이듬해인 676년 4월 기벌포에서 설인귀가 이끄는 군대를 접전 끝에 물리침으로써 신라는 당나라 세력을 한반도에서 완전히 몰아내었다. 불완전하게나마 신라가 삼국을 통일하는 순간이었다.

* 660년 7월 19일 '백제가 멸망하다' 참조
* 668년 6월 21일 '신라 김유신, 고구려를 정벌하다' 참조
* 676년 4월 5일 '신라, 삼국을 통일하다' 참조

1946년 10월 6일

「경향신문」 창간

1946년에 일어난 정판사 위조지폐 사건으로 조선정판사 사옥을 압수한 미 군정은 이를 천주교에 넘겨주었다.

그래서 그해 10월 6일 경성천주교 재단은 도의양심을 수완手腕에 옮

기는 실천적 신문이 필요하다는 취지에서 「경향신문」을 창간하였다. 초대 사장은 양기섭 신부였다.

초기에는 천주교 계열 언론사로 이승만에 대해 매우 비판적이었다. 또한 미 군정에 협조적이면서도 옳지 않은 일에는 날카롭게 비판하였다. 제1공화국 기간 내내 장면을 정치적으로 지지하였기 때문에 1959년 자유당에 의해 정간 처분을 당하기도 하였다.

1960년 4월에 속간하였고, 1962년 2월에 경영권이 이준구에게 넘어간 후에는 독립지가 되었다. 박정희 대통령 시절에는 정부에 비판적인 논조 때문에 주요 인사가 교체되고, 판권이 매각되어 정수장학회와 여러 대기업의 소유가 되었다. 이 때문에 친親군부 성향 언론사로 변질되었다.

이때의 반反민주적 성향 때문에 1987년 6월 항쟁 당시 분노한 시민들이 지방 배송을 위해 서울역 앞에 쌓여 있던 「경향신문」을 대량 소각하는 일이 벌어지기도 하였다.

이후 1990년에 한화 그룹에 매각되었다가 1998년에 사원주주회사로 독립하여 진보와 개혁 세력의 목소리를 대변하는 신문이 되었다. 2000년 2월에는 언론사 최초로 최고경영자 사외공모를 실시하여 신임 사장을 선출하였다.

2012년 현재 월간지 『레이디 경향』과 시사주간지 『위클리 경향』을 발간하고 있다. 본사는 서울특별시 중구 정동에 있다.

1908년 10월 6일

국어학자 주시경, 『국어문전음학』 완성

1908년 10월 6일 주시경이 국어연구서인 『국어문전음학國語文典音學』을 완성하였다. 책 제목대로 국어문전 가운데 음학音學을 다루고 있는 책으로 박문서관博文書館에서 간행되었다. 그해 여름에 국어강습에서 가르쳤던 것을 정리하여 책으로 묶은 것이다.

이 책은 박태환이 쓴 서序와 머리말에 해당되는 '제2회 하기夏期 국어강습', 국어와 국문 연구의 필요성을 설명한 '자국언문自國言文', 본론에 해당하는 '국문의 음학', 그리고 발문跋文으로 구성되어 있다.

주시경은 이 책에서 『훈민정음』의 서문과 본문을 소개·해설하였다. 주시경은 전통적인 해석을 탈피하여 언어의 음을 객관적인 물리적 현상으로 보고 자음과 모음을 구별하였다.

이 책에서는 용어가 한자어로 되어 있으나 1914년에 간행된 같은 내용의 책 『말의 소리』에서는 순우리말로 바뀌었다.

10월 7일

1979년 10월 7일

김형욱 전前 중앙정보부장, 파리에서 실종되다

"프랑스의 모든 살인사건, 자살 등으로 사망한 시신을 철저히 조사했지만 김형욱과 유사한 시신은 발견되지 않았다. 수사를 더 해 보겠지만, 김형욱이 프랑스에서 빠져나간 것 같은 의심이 든다."

- 카르타, 당시 프랑스 경찰본부장

김형욱은 1925년에 황해도 신천에서 태어났다. 1948년에 육사 8기로 군인의 길에 들어선 그는 1961년 5·16 군사정변 당시 육군 중령 신분으로 쿠데타에 가담하였다.

이후 그는 국가재건최고회의 최고위원으로 군사정권에 참여하였으며, 제4대 중앙정보부장에 취임하였다. 1971년부터 1972년까지는 공화당 전국구 국회의원을 지내기도 하였으나 10월 17일에 유신이 선포되고 국회가 해산되면서 의원직을 잃게 되었다.

앞서 1969년에 3선 개헌의 일등공신인 자신을 중앙정보부장에서 해임한 데 이어 국회의원직까지 박탈하자 김형욱은 박정희에 대한 깊은 원망을 품게 되었다.

이에 1973년 김형욱은 미국 뉴욕으로 망명하였다. 박정희는 김형욱을 설득하기 위해 미국에 특사 형식으로 정부 고위급 인사를 파견하여 그의 귀국을 설득하도록 하였다. 그러나 김형욱은 이 설득에 전혀 응하지 않았다.

그러다 1976년에 유신 이후 깊어진 미국과의 갈등을 풀고자 박정희는 미국 의회에 대한 로비를 시작하였다. 한국인 사업가 박동선을 선두에 내세워 미국의 지속적인 군사 지원과 안보를 얻어내기 위해 미 의회 의원들에게 뇌물을 준 것이었다. 이것이 이른바 '코리아게이트' 사건이었다.

김형욱은 미국 연방 하원 청문회에 출석해 이 코리아게이트 사건에 대하여 거침없이 폭로하였다. 그리고 박정희의 치부를 고발하는 회고록까지 출판하였다.

그 후 1979년에 그는 중앙정보부 해외담당차장 윤일균에게 속아 그해 9월에 파리로 떠났다. 회고록 원고료로 거액을 준다는 말에 넘어간 것이었다.

그리고 10월 7일 김형욱은 파리 시내 리도 극장 근처에서 이상열 공사를 기다리고 있었다. 카지노에서 돈을 잃은 김형욱이 중정 부장 시절 부하로 있던 이상열에게 돈을 빌려 달라고 부탁했던 것이다.

이후 김형욱의 행방이 묘연해진다. 세간에서는 그가 납치된 뒤 양계장의 대형 믹서에 갈려 죽었다는 말이 돌기도 했다. 그러나 2005년 5월 26일 '국정원 과거 사건 진실 규명을 통한 발전 위원회'는 김형욱이 전 중앙정보부장 김재규의 지시에 의해 권총으로 암살되었다는 조사 결과를 발표했다. 당시 프랑스 경찰은 실종 사건 수사에 4개월이라는 시간을 들였지만 결국 진실은 밝혀내지 못했었다.

김형욱의 가족들은 상속 절차 등의 문제로 1990년 5월 법원에 사망 선고를 청구하였다. 이에 대해 서울가정법원은 이듬해 김형욱을 '1984년 10월 8일 사망'으로 간주한다는 판결을 내렸다.

그리고 2009년 미국 뉴저지 주의 한 공동묘지에서 김형욱의 묘가 발견되었다. 김형욱의 가족들이 살고 있는 집에서 멀지 않은 곳이었다. 묘비에는 김형욱의 이니셜과 부인 신영순의 이니셜이 함께 새겨져 있었다. 그러나 이 묘는 추모 성격의 가묘로 추정되었다.

* 1961년 5월 16일 '5·16 군사 쿠데타가 일어나다' 참조
* 1973년 8월 8일 '김대중 납치 사건이 일어나다' 참조

32년 10월 7일

신라, 가배 놀이를 시작하다

왕께서 신라 6부 사람들을 둘로 나누고서, 왕녀 두 명으로 하여금 각자 여자들을 거느려 편을 짜서 길쌈 시합을 하게 하였다. 음력 7월 16일부터 8월 15일까지 날마다 아침 일찍 큰 마당에 모여서 길쌈을 시작, 밤 10시경에 그치게 하였다.

음력 8월 15일이 되면 어느 편에서 길쌈을 더 많이 했는지를 평가해, 지는 쪽에서는 술과 음식을 장만하여 이긴 편에게 대접하게 하였다. 이때 춤과 노래, 그리고 온갖 놀이가 벌어지니 이를 '가배'라고 한다.

-김부식, 『삼국사기』

한가위는 우리나라 최대의 명절 중 하나이다. 여기서 한가위의 '한'은 크다는 뜻이고, '가위'는 가배라는 말이다.

'가배'의 유래는 신라시대로 거슬러 올라간다. 32년 10월 7일(음력 8월 15일) 유리왕이 신라의 여인들에게 길쌈 시합을 하게 하였다. 이 길쌈 시합과 그 결과에 따라 벌어진 잔치를 '가배'라고 하였다. 가배는 이처럼 여성들의 축제였다. 길쌈 시합에서 진 편은 진 것을 몹시 안타까워하며 「회소곡會蘇曲」이라는 노래를 만들어 부르기도 하였다.

신라 여성들은 가배를 통해 단합과 인내심을 길렀다. 또한 이런 경쟁을 통해 옷감 제조 기술이 발전하는 계기가 되었다.

고려 노래인 「동동」에서도 이 날을 가배라 한 것으로 보아 이 명칭은 고려시대에도 지속되었던 것으로 보인다. 이렇게 시간이 지나면서 가배는 추수를 감사하는 행사가 되었다.

한가위에는 농사일로 바빴던 일가친척이 서로 만나 하루를 즐겼다. 특히 시집 간 딸이 친정어머니와 중간 지점에서 만나 반나절을 함께 지내며 회포를 푸는 것을 '중로상봉中路相逢'이라 하였다. 오늘날에도 민족 대이동이라고 할 만큼 수많은 인파가 고향을 찾아 가족과 친지를 만나고 조상의 음덕을 기린다.

중국과 일본에도 보름달과 관련되어 음력 8월 15일을 축하하는 풍습이 있지만 우리나라만큼 중요한 명절로 생각하지는 않는다. 그만큼 우리에게는 한가위가 유서 깊은 명절이라는 것을 알 수 있다.

1789년 10월 7일

정조, 사도 세자의 묘를 이장하다

영조의 둘째 아들이자 정조의 아버지인 사도 세자는 1762년에 소론과 노론의 당쟁에 휘말려 세자 자리에서 물러났다. 영조는 사도 세자에게 자결하라는 명을 내렸으나 듣지 않자 그를 뒤주 속에 가두어 버렸다. 사도 세자는 뒤주 속에서 굶주리다 1주일 뒤 사망하였다.

그는 경기도 양주시의 배봉산 자락에 묻혔다. 시호를 사도 세자라 하고 묘 이름을 수은묘라 하였다. '사도思悼'는 '잘못이 있어 일찍 죽은 것을 애도한다.'는 뜻이고, '수은垂恩'은 '그래도 은혜를 베풀어 준 무덤'이라는 뜻이었다.

1776년에 사도 세자의 아들 정조가 즉위하였다. 정조는 일단 아버지의 묘 이름을 '수은묘'에서 '영우원永祐園'으로 고치고, 존호尊號를 '사도'에서 '장헌莊獻'으로 고쳤다.

이후에도 정조는 아버지의 명예회복을 위해 끊임없이 노력하였다. 아버지의 묘를 옮길 길지를 찾아 1789년 10월 7일에 구舊 수원부 객사 뒤 화산花山으로 이장하고 이름을 '현륭원顯隆園'으로 고쳤다. 이는 정조의 업적 중 하나인 화성 건설의 계기가 되었다.

현재 우리가 알고 있는 '융릉隆陵'은 1899년 고종이 장헌 세자를 '장조'로 추숭하면서 격상시킨 명칭이다.

* 1762년 5월 21일 '사도 세자, 뒤주에 갇혀 8일 만에 사망하다' 참조
* 1776년 3월 10일 '정조가 즉위하다' 참조
* 1789년 9월 4일 '정조, 수원 읍치를 팔달산으로 정하다' 참조
* 1796년 10월 10일 '정조, 최초의 신도시 화성을 완공하다' 참조

2002년 10월 7일

강화도 돼지콜레라 발생

2002년 10월 7일 인천시 강화군에서 돼지콜레라가 발생하였다. 화도면에 있는 한 농장의 돼지를 정밀검사한 결과 돼지콜레라 발생이 확인된 것이었다.

돼지콜레라는 제1종 법정 가축전염병으로, 감염된 돼지는 고열과 식욕결핍, 설사, 변비 등의 증상을 보이다가 대부분 죽는다.

인천시는 이 농장의 돼지 3마리가 이미 돼지콜레라에 감염돼 죽었다고 발표하였다. 그리고 발생 원인을 규명하기 위해 돼지의 이동경로 및 농장 출입자 등에 대한 추적조사를 벌였다. 발생 농가 반경 500m 내에 있는 농가 3곳에서 기르는 1,323마리는 모두 도살·매립하였다.

　또한 마니산에는 입산금지 조치가 내려졌다. 강화대교와 초지대교에 이동가축 통제초소를 설치하고 통행차량에 대한 방역작업도 벌였다.

　강화도에서 돼지콜레라가 발생한 것은 정부가 우리나라 전역을 청정화 지역으로 선포한 후 예방접종을 중단한 탓이라는 지적이 있었다. 예방접종을 하지 않았기 때문에 돼지들의 면역항체가 7.2% 이하로 낮아졌다는 것이었다. 또한 지방자치단체 차원의 농장 단위 질병관리 체계가 허술하다는 비판도 피할 수 없었다.

10월 8일

1895년 10월 8일

일본의 낭인들, 명성황후를 시해하다

"그녀는 섬세한 감각을 가진 유능한 외교관이었고 반대 세력의 허를 찌르는 데 능했다. 그녀는 일본에 반대했고, 애국적이었으며, 조선의 이익을 위해 몸을 바치고 있었다. 그녀는 아시아의 그 어떤 왕후보다도 그 수준을 훨씬 뛰어 넘는 여인이었다."

- 선교사 언더우드의 부인이 명성황후에 대해 한 증언

1895년 청일전쟁을 마무리 짓는 시모노세키 조약이 체결되자 일본 열도는 흥분의 도가니였다. 중국과의 대결에서 승리했다는 우월감은 물론이고, 엄청난 전쟁 배상금에 요동반도와 대만까지 할양(割讓)받았기 때문이다.

　하지만 일주일도 채 지나지 않아서 이 흥분은 빙하처럼 얼어붙었다. 러시아와 독일, 프랑스가 이른바 '삼국간섭'을 통해 요동반도를 청나라에 반환할 것을 요구했기 때문이다. 세 열강의 강력한 요청에 일본은 눈물을 머금고 요동반도를 돌려줄 수밖에 없었다. 승리의 달콤함을 맛보고 있던 일본은 순식간에 충격에 휩싸였다. 그런데 그 여파가 예상치 못하게 조선에까지 밀려들었다.

　청일전쟁 중 조선의 통치자는 사실상 일본의 공사 이노우에였다. 그는 고종과 김홍집 내각을 노골적으로 압박하며 내정에 간섭하였다. 그러나 삼국간섭으로 일본의 국제적 위상이 추락하자 조선은 친러정책을 추진하기 시작하였다. 청나라가 사라진 자리를 러시아로 채워 일본을 견제하겠다는 계산이었다. 이 정책의 주도자는 다름아닌 명성황후였다.

　게다가 친일파 박영효가 명성황후를 암살하고 정부를 뒤엎으려는 음모를 꾸미다 발각된 사건 때문에 황후의 반일 감정은 더욱 악화되었다.

　이렇게 조선의 정세는 반일친러의 분위기로 내닫고 있었지만 일본의 수중에는 딱히 분위기를 바꿔 놓을 수단이 없었다. 결국 일본의 공사 이노우에는 사임을 결심하고 육군 중장 출신인 미우라를 자신의 후임으로 추천하였다. 외교에 관해서는 아는 것이 없는 군인 출신의 과격한 인물이 공사로 기용되면서 조선의 비극이 예고되었다.

　미우라는 공사로 부임한 후 '염불공사'라는 별명이 생길 정도로 일본 공사관에만 틀어박혀 있었다. 한 번에 전세를 역전시킬 카드를 준비하는 데 집중하기 위해서였다. 그 카드는 바로 작전명 '여우사냥'으로 불린 명성황후 암살 계획이었다.

1895년 10월 7일 밤, 은은한 달빛이 경복궁 마당에 쏟아지고 있었다. 명성황후는 이날이 자신의 마지막 밤이 되리라는 걸 아는지 모르는지 잔치를 벌이고 있었다. 조카인 민영준이 궁내부 대신으로 내정된 것을 축하하기 위한 자리였다.

비슷한 시각, 일본인 거주 지역인 남산 기슭에 자리한 파성관에서도 술자리가 벌어지고 있었다. 이곳은 일본 낭인들을 비롯하여 상인, 기자, 통신원 등으로 북적거렸다. 하지만 이들의 눈에는 한결같이 살기가 번뜩이고 있었다. 이들이 바로 명성황후를 시해하기 위해 모인 자들이었다.

미우라는 거사 시기를 10월 8일 새벽으로 잡았다. 그리고 평소 명성황후와 골이 깊은 흥선 대원군을 이 계획에 끌어들였다. 또 자신들이 양성한 조선 훈련대를 전면에 내세우는 방법을 쓰기로 하였다.

드디어 새벽 5시 반, 흥선 대원군을 비롯한 훈련대와 무장한 낭인들이 광화문에 도착하였다. 이들은 여기에서 홍계훈이 이끄는 근위대의 저항을 받았지만 이를 가볍게 물리쳤다. 그리고 곧바로 경복궁으로 난입하였다. 이 소식을 들은 명성황후는 궁녀복으로 갈아입고 옥호루로 급히 피신하였다.

이미 날이 어슴푸레 밝아오고 있었다. 흥선 대원군은 가마에서 내려 강녕전에 머물며 왕명을 기다리도록 하고 낭인들은 옥호루로 향하였다. 미국인 군사교관 다이가 지휘하던 근위대가 이들을 발견하고 막아섰지만 역부족이었다.

옥호루에 도착한 낭인들은 궁녀들 사이에서 명성황후를 찾아냈다. 그러자 궁내부 대신 이경직이 두 팔을 벌려 낭인들 앞을 가로막고 섰다. 낭인들은 그에게 권총을 발사하였고, 다시 칼로 두 팔을 베었다.

낭인들은 궁녀들 사이에 숨었다가 도망치는 명성황후를 쫓아갔다. 명성황후를 잡은 낭인들은 그녀를 마룻바닥에 내동댕이친 뒤 구둣발로 짓밟고 칼로 찔렀다.

그러나 명성황후가 어디에서 시해를 당했는지는 아직도 정확하지 않다. 곤령합 복도부터 옥호루 내실, 장안당 뒷뜰 등 의견이 분분하기 때문이다.

낭인들은 황후를 죽인 후 증거를 없애기 위해 시신을 경복궁 내 우물에 빠뜨렸다. 그러나 이내 시신이 떠오르자 다시 건져 내어 기름을 붓고 불에 태워 연못에 던졌다. 그래도 가라앉지 않자 인천에서 그들을 궁까지 안내한 우범선을 시켜서 궁궐 내 소나무 숲에 매장하였다. 일을 마친 낭인들은 유유히 궁궐을 빠져나갔다.

놀랍게도 이들은 알려진 것처럼 단순한 낭인들이 아니라 후일 장관과 국회의원으로 성장하는 일본의 지식인들이었다. 이는 명성황후 시해가 일본 정부와 극우 성향 지식인들 간의 긴밀한 협조로 만들어진 계획이었음을 말해 준다.

* 1866년 3월 6일 '민치록의 딸을 왕비로 간택하다' 참조
* 1897년 11월 22일 '명성황후의 국장이 거행되다' 참조
* 2007년 10월 18일 '명성황후가 시해당한 건청궁이 복원되다' 참조

1929년 10월 8일

제1회 경평축구대전 개회

"경기로 끝내는 것이 아니라 조선의 역량을 과시하는 기회로 승화해야 합니다."

-개회사

1929년 10월 8일 조선일보사 주최로 경성중학교가 주축이 된 경성군과 숭실학교가 주축이 된 평양군이 휘문고등보통학교 운동장에서 친선경기를 가졌다. 제1회 경평축구대회의 시작이었다. 당시에는 '팀' 대신 '군'이라는 표현을 사용하였다.

경평축구대회의 인기는 대단하였다. 경기장은 관중들로 발 디딜 틈이 없을 정도였고, 경기 소식을 실은 신문들은 날개 돋친 듯이 팔렸다. 경평축구대회는 일제 강점기에 민족의 단합과 항일 정신을 드높였다.

경평축구대회는 남과 북을 대표하는 선수들의 자존심이 걸려 있었기 때문에 경기가 매우 과열되었다. 그래서 경기와 관계없이 상대편 선수들을 고의로 걷어차는 것이 또 하나의 볼거리가 될 정도였다.

그러나 1930년에 제2회 대회를 치른 후 경평축구대회는 중단되고 말았다. 이유는 확실히 밝혀지지 않았으나 선수들의 잦은 싸움 때문이라는 설이 유력하였다.

1933년에 조선축구협회와 경성축구단, 평양축구단이 창단되면서 경평축구대회가 다시 시작되었다. 이때는 봄, 가을 두 차례로 경성과 평양을 오가며 경기를 치렀다. 이후에도 이 대회는 중단과 재개를 반복하였다. 그러나 남북이 분단되면서 1946년 서울대회를 끝으로 막을 내렸다.

경평축구대회는 이후 44년 만인 1990년 남북 체육회담을 통해 성사되었다. 이 때문에 경평축구대회는 남북 축구 교류사를 논할 때 빠지지 않는 대회가 되었다.

1975년 10월 8일

연쇄살인범 김대두 검거

1975년 8월 13일부터 10월 7일까지 55일 동안 전라남도 광산·무안, 경기도 평택, 서울 등지에서 8회에 걸쳐 모두 17명을 살해한 연쇄살인범 김대두가 검거되었다.

그는 10월 8일 오전 수상한 청년이 피 묻은 청바지를 맡기고 갔다는 서울의 한 세탁소 주인 아들의 신고로 덜미를 잡혔다.

김대두는 폭력전과 2범으로 김영태 등의 가명을 사용하며 고향을 떠나 떠돌이 생활을 하였다. 5월 17일에 수원교도소에서 나왔으나 일자리를 구할 수 없자 용돈을 마련하기 위해 8월 13일에 첫 범행을 저질렀다.

나이에 비해 앳돼 보이는 얼굴에 차림새도 멀쩡한 그는 범행동기에 대해 이렇게 말했다.

"교도소에 있다가 사회에 나오니까 할 일도 없고 배운 기술도 없었습니다. 친척이나 친구들도 전과자라고 해서 냉대를 했습니다. 남보다 멋있게 살고 싶었는데 집에서는 도와줄 형편이 못돼 일을 저질렀습니다."

칠순 노인부터 3개월짜리 아기까지 무참하게 죽였지만 그가 강탈한 금품은 고작 현금 2만 6,000원, 고추 30근, 쌀 1말, 청바지 1벌, 시계 1개가 전부였다.

결국 그는 11월 27일 강도, 살인과 살인미수, 강간죄 등이 적용돼 사형을 선고받았다. 그의 사형은 1976년 12월 28일에 집행되었다.

1997년 10월 8일

북한, 김정일을 당 총비서로 공식 추대

1997년 10월 8일 북한의 김정일이 노동당 총비서로 추대되었다. 이로써 김정일은 북한의 새로운 지도자로 떠올랐다. 김정일은 김일성 사망 후 3년 3개월 동안 김일성의 과거 공식 직함을 승계받지 않고 있다가 처음으로 그중 하나를 이어받은 것이었다.

이듬해인 1998년에는 국방위원회 위원장에 추대됨으로써 공식적으로 김정일 정권이 출범하였다.

2011년 12월 김정일이 사망한 후 노동당은 그를 '영원한 당 총비서'로 추대하였다. 그리고 이듬해 4월에 평양에서 제4차 당 대표자회를 열어 김정은을 노동당 제1비서로 추대하였다.

2012년 현재 김정은은 원수의 칭호를 받아 북한 최고 지도자로서 활동하고 있다.

* 1994년 7월 8일 '김일성 주석이 사망하다' 참조
* 2011년 12월 17일 '북한 최고의 권력자, 김정일이 사망하다' 참조

10월의
모든 역사

10월 9일

1446년 10월 9일

조선의 세종, 『훈민정음』을 반포하다

유네스코에서는 전 세계인의 23%에 달하는 심각한 문맹률에 대한 세계인의 인식을 촉구하고 문제를 해결하고자 9월 8일을 '세계 문맹 퇴치의 날'로 정하고, 문맹 퇴치에 앞장선 단체에게 상을 수여하고 있다. 그 가운데 하나가 바로 1989년에 제정된 '세종대왕상'이다. 유네스코가 문맹 퇴치 공로상에 세종대왕의 이름을 붙인 것은 한글이 누구나 쉽게 익힐 수 있는 글자이며, 과학적으로 우수한 글자라는 것을 인정하였기 때문이다. 즉 유네스코는 한글 창제에 담긴 세종의 민본정신과 과학정신을 이어받아 이 상을 제정하였다고 할 수 있다.

-「한글은 얼마나 과학적인 글자인가?」, 『NEWTON』

1926년 조선어 연구회는 『훈민정음』 반포 480주년을 맞아 기념식을 열고 매년 음력 9월 29일을 '가갸날'로 정하였다. 『세종실록』에 이 날 '이달에 훈민정음이 이루어지다.'라는 내용이 실려 있었기 때문이다. 1928년에 가갸날은 '한글날'로 명칭이 바뀌었다. 그리고 1932년 이후에는 1446년 9월 29일을 양력으로 환산한 날짜에 기념식을 열기 시작하였다.

　그런데 1940년에 발견된 『훈민정음』 원본의 머리말에 적힌 '정통 11년 9월 상한上澣'을 추정한 결과, 늦어도 9월 10일까지는 훈민정음이 반포된 것으로 결론이 났다. 그리하여 1946년 이후부터는 1446년 9월 10일을 양력으로 환산하여 10월 9일을 한글날로 제정하였다.

　우리나라는 오래 전부터 한자를 사용하였다. 그러나 한자는 교육을 받은 일부 특수한 계층만이 이해할 수 있어 일종의 권력이 되었다. 어려운 라틴어로 된 성경의 내용을 사제들만이 이해하여 권위를 유지하던 것과 비슷한 경우였다.

　물론 한자의 음을 이용한 이두나 한자의 획 중에서 일부를 떼어낸 구결 등을 고안하여 최대한 우리말에 가깝게 활용하려는 시도가 있었다. 하지만 그 자체가 한자를 바탕으로 한 것이라 천민은 물론 양민이나 부녀자들에게도 여전히 넘기 어려운 장벽이었다.

　조선시대에는 유교를 통치이념으로 삼아 백성을 근본으로 하는 정치를 추구했으므로 상하의 원만한 소통이 필요하였다. 또 고려시대를 거치면서 백성들의 입장이 강화된

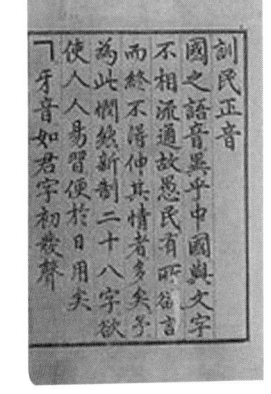

『훈민정음』

탓에 일방적으로 이들을 무시할 수 있는 형편도 아니었다.

이 때문에 지배층은 이들을 예전처럼 아무것도 모르는 상태로 놔두기보다는 어느 정도 문자를 알게 하여 교화시키는 것이 훨씬 효과적이라고 판단하였다. 또한 중국과의 성공적인 외교를 위해서도 그들의 정확한 발음을 제대로 표기할 수 있는 소리문자가 요구되었다.

『훈민정음』은 바로 이런 배경 속에서 탄생하였다. 세종은 『훈민정음』 서문에서 '어리석은 백성들이 날마다 쓰기에 편하도록 새로 스물여덟 자를 만들었다.'고 천명하였다. 이는 백성들의 편의를 도모한다는 '편민便民사상'이었다. 그러나 그 이름에서 드러나듯 훈민정음은 역시 백성들을 가르친다는 '훈민訓民 정신이 그 본질이라고 할 수 있다.

훈민정음으로 『삼강행실도』를 번역하여 민간에 배포하면 일반 백성들도 그것을 이해하고 충신과 효자, 열녀들이 쏟아져 나올 것이라는 세종의 말이 이를 대변하였다.

훈민정음이 처음에 어떻게 만들어졌는가에 대해서는 의견이 분분하였다. 한자의 고전古篆을 모방했다는 설부터 범자梵字 기원설, 팔사파 문자 기원설, 창문 기원설 등 다양한 가설이 존재하였다.

그러나 『훈민정음』 원본이 발견되면서 그 비밀이 밝혀졌다. 초성 중 기본이 되는 ㄱ, ㄴ, ㅁ, ㅅ, ㅇ 다섯 자는 발음기관을 본뜨고 나머지는 그것에 획수를 더한 것이었다. 중성 중 ·, ㅡ, ㅣ 세 자는 천天·지地·인人 3재三才를 바탕으로 한 것이고 나머지는 그것의 합성이었다. 가령 ㄱ의 경우는 혀뿌리가 목구멍을 막는 모양을 나타낸 것이다.

『훈민정음』의 창제는 사실상 세종의 단독 작업으로 알려져 있다. 물론 일부 집현전 학자들의 도움을 받았던 것은 틀림없지만 '임금이 친히 언문 28자를 만들었다.'는 기록처럼 세종이 모든 골격을 세웠다고 볼 수 있다.

이렇게 세종이 조용히 『훈민정음』을 만든 것은 당시 숭명사상에 물든 유학자들의 강한 반발을 의식하였기 때문이다. 실제로 집현전 부제학 최만리는 세종이 새로운 글자를 만든 것을 알게 되자, 그것이 오랑캐의 일이라는 등 여섯 가지 이유를 대며 반대하고 나서기도 하였다.

지금은 세계 최고의 문자로 인정받는 『훈민정음』이지만 조선시대에는 내내 비주류 문자로 그늘진 길을 걸었다. 그러다가 1894년 근대적 개혁을 단행하면서 종전의 한문 대신 국문을 본으로 삼는다는 결정이 내려졌다. 창제 450년 만에 비로소 한글이 나라 글자로 우뚝 서게 된 것이다.

유엔의 조사에 따르면 1995년 당시 우리 국민의 문맹률이 2%였다고 한다. 이는 한글이 얼마나 유용한 글자인지를 보여 주는 것이다.

세종은 그 수많은 업적으로 인해 뒤에 대왕이라는 칭호로 불린다. 그러나 『훈민정음』의 창제만으로도 사실 '대왕'이라는 호칭을 들어 마땅하다. 그것이 그에게는 하나의 업적에 불과할지 몰라도 우리 민족에게는 거대한 도약이었기 때문이다.

1957년 10월 9일

한글 학회, 『큰 사전』 발간

1957년 10월 9일 『큰 사전』이 완간되었다. 『큰 사전』은 전 6권으로 한글 학회가 편찬하고 을유문화사에서 발행한 국어대사전이다. 전체 3,864면에 수록된 어휘는 16만 4,125개로 이후에 나온 한글 사전들의 바탕이 되었다.

1921년 12월 창립된 '조선어 연구회'는 불합리한 시대 환경 속에서 사전 제작의 원대한 이상을 품고 있었다. 1929년 10월에 '조선어 사전 편찬회'를 조직하고 신명균·이극로·이윤재·이중화·최현배 등 5명의 집행위원을 두어 사전 편찬 사업에 착수하였다.

1942년 가을까지 대부분의 원고 작성을 끝내 일부가 조판에 들어갔으나 조선어학회 사건으로 원고를 몰수당해 해방 때까지 찾을 수 없었다. 그러던 중 1945년에 우연히 서울역 창고에서 원고를 찾아서 다시 편찬 작업을 계속하였다.

1947년 10월 9일 1권 발행을 시작으로 1949년에 2권, 1950년에 3권이 나왔다. 그리고 휴전 이후인 1957년에 4권과 5권이 나오고 그해 10월 9일 6권을 마지막으로 모든 편찬이 완료되었다.

사전 편찬의 주간은 정인승이 맡았다. 머리말, 편찬의 경과, 범례, 낱말, 찾기, 큰 사전의 완성 보고서 등으로 구성되어 있다. 초판을 찍었을 당시 1권과 2권은 『조선말 큰 사전』이라 하였고, 3권부터는 『큰 사전』이라 하였는데 재판부터 『큰 사전』으로 통일하였다.

『큰 사전』은 일상생활에서 쓰이는 일반어뿐만 아니라 전문어·고유명사·옛말·이두 등까지 포괄한 확장형 사전이었다. 이런 『큰 사전』의 편찬은 일제강점기에 우리말 연구의 최전선에서 많은 어려움을 무릅쓰고 이룬 기념비적 업적이다.

* 1942년 10월 1일 '조선어학회 사건이 일어나다' 참조
* 1945년 9월 8일 '일제에게 압수당했던 『조선말 큰 사전』 원고, 서울역 창고에서 발견' 참조

1983년 10월 9일

아웅 산 묘소 폭발 사건 발생

1983년 10월 8일 전두환 대통령은 공식 수행원 22명과 비공식 수행원 등을 데리고 동남아시아 · 오세아니아 5개국 공식 순방에 나섰다. 버마(지금의 미얀마)는 당시 전두환 대통령의 첫 방문지였다.

이튿날인 10월 9일 버마의 수도 양곤에 있는 독립운동가 아웅 산의 묘소에서 참배 행사가 예정되어 있었다. 전두환은 행사에 참가하기 위해 이동 중이었다. 서석준 부총리를 비롯한 여러 정부요인들은 애국가 예행연습을 위해 미리 행사 장소에서 대기하고 있었다.

그런데 그곳에서 갑자기 폭탄이 터졌다. 이 폭발로 서석준 부총리를 비롯한 17명이 목숨을 잃었고, 합참의장 이기백 등 13명이 중경상을 입었다.

폭발 사건이 일어나자 전두환 대통령은 모든 일정을 취소하고 귀국하였다. 현장에서 목숨을 잃은 17명의 장례는 합동국민장으로 거행되었다.

폭탄 테러의 범인은 북한이었다. 버마 경찰이 3명의 범인 중 신기철을 인근에서 사살하였고, 진 씨라고만 알려진 사람과 강민철은 체포하였다. 이 사건으로 버마를 포함한 서사모아 등지의 국가들은 북한과의 수교를 단절하였다.

진 씨는 1986년에 사형이 집행되었고, 강민철은 2008년 중증 간질환으로 옥사하였다.

2006년 10월 9일

반기문, 유엔 사무총장으로 확정

2006년 10월 9일 유엔 안전보장이사회는 우리나라 외교통상부 장관 반기문을 코피 아난의 뒤를 이을 차기 유엔 사무총장 단일 후보로 공식 지명하였다.

안전보장이사회는 이날 북한 핵실험에 따른 제재 논의를 시작하기에 앞서 차기 총장 후보 지명을 위한 비공개 협의를 가졌다. 이 자리에서 반기문을 총장 후보로 공식 지명하는 결의문을 만장일치로 채택하여 총회에 추인을 요구하였다.

안전보장이사회가 이날 반기문을 단일 후보로 지명한 것은 반기문을 제외한 모든 후보가 사퇴한 상태였기 때문이다. 총회는 10월 13일에 반기문을 유엔 사무총장으로 임명하는 추인 절차를 마무리하였다.

2007년 1월 1일부터 유엔 사무총장으로서 활동을 시작한 반기문은 2011년 6월 21일에 유엔 총회를 통해 연임이 확정되었다. 192개 전 회원국 대표들이 기립 박수로 재선 안건을 통과시켰다.

10월의
모든 역사

10월 10일

1796년 10월 10일

정조, 최초의 신도시 화성을 완공하다

"왕기王畿(경기) 지역은 전국의 표준이니, 먼저 이곳의 읍들이 정력을 들여 명령을 충실히 준행해야 호남·영남 지방까지도 보고 느껴서 그림자처럼 따라오게 할 수 있을 것이다."

-정조

우리나라 최초의 신도시 화성이 1796년 10월 10일에 완공되었다. 유네스코 세계문화유산으로 지정된 화성은 당대의 첨단 과학기술이 모두 동원되었다. 먼저 화성은 다산 정약용이 개발한 거중기를 이용해 축성하였다. 총 길이 5,743m이며, 서양식 축성법을 이용하였고 대형 벽돌을 사용하여 지은 성곽이다. 공사 기간만 2년 반이 걸렸다.

축성술과 축성 과정도 종래의 성곽과는 다른 근대적인 방식이 도입되었다. 그래서 화성은 18세기 우리나라의 건축기술 수준을 보여 주는 동시에 한국적인 정체성을 갖춘 성이라고 평가받는다.

화성 건설에 동원된 사람은 1,820명이었다. 또 축성에 사용된 벽돌 수는 69만 5,000장이었는데 이 벽돌 때문에 화성은 중국에서도 볼 수 없는 수직의 규자형主字形 무늬를 자랑한다.

화성은 정조의 가장 위대한 유산일 뿐 아니라 세계 최초의 계획 신도시라는 점에서도 주목할 만하다.

화성에는 정조의 이상이 고스란히 담겨 있다. 정조가 화성을 건설한 이유에 대해서는 두 가지 설이 있다. 먼저 벽파 세력의 압박을 피해 화성으로 천도하려 했다는 '화성 천도설'이 있다. 그러나 당쟁에 휘말려 죽어간 비운의 아버지 사도 세자를 추모하고 국왕으로 추존하려는 자신의 비원을 실현할 목적으로 건설했다는 설이 더 지배적이다.

화성의 공사가 끝난 후 정조는 공사 보고서의 발간을 지시하였다. 그로부터 약 5년 후 화성의 공사 보고서인 『화성성역의궤華城城役儀軌』가 발간되었다. 유려한 활자와 상세한 그림 자료들, 그리고 수준 높은 인쇄술은 감탄할 만하다. 이 책에는 성역에 소요된 시일과 인원, 사용된 기기 등은 물론이고, 각종 포상의 내용까지 자세하게 수록되어 있다.

화성이 세계문화유산으로 등록된 것은 성곽이 종래의 것과 다른 몇 가지 특성을 가졌기 때문이다. 우리나라 성곽은 대체로 평소 백성이 거주하는 읍성과 비상 상황이 닥쳤을 때 피난하는 산성으로 분리되어 있었다. 따라서 전쟁에 대한 방어기능이 약하였다.

그러나 화성은 종래의 읍성에 방어 기능을 강화하였다. 따라서 비상 시에도 피난을 하지 않고 살고 있는 곳에서 적을 방어할 수 있었다. 이런 연유로 화성은 사업·농업·군사 시설을 갖춘 자급적인 성으로 평가받는다.

화성은 한국전쟁으로 성곽이 파손되었으나 1979년에 지금의 모습으로 복원되었다.

* 1776년 3월 10일 '정조가 즉위하다' 참조
* 1789년 9월 4일 '정조, 수원 읍치를 팔달산으로 정하다' 참조
* 1789년 10월 7일 '정조, 사도 세자의 묘를 이장하다' 참조

1897년 10월 10일

숭실학교 설립

1897년 10월 10일에 미국 북장로교 선교사 베어드가 평양시 신양동에 학당을 세웠다. 이 학당은 1900년에 정식 중등교육을 실시하였다. 1901년에 교사를 신축 이전하면서 교명이 '숭실학당'으로 정해졌다. 교훈은 '진리와 봉사'이다.

1905년에 대학부를 설치하면서 한반도 최초의 고등교육을 실시하였다. 다시 말해서 숭실대학교는 대한제국 정부로부터 공식적으로 인정받

은 우리나라 최초의 근대적 종합대학교였던 것이다.

1912년에 조선총독부 학무국이 학교 인가를 하였으나, 1925년 문화통치 시기에 대학교에서 전문학교로 강등되었다. 일제의 억압적인 통치와 강제적 신사 참배에 반대하던 숭실전문학교는 1938년 결국 자진 폐교 결정을 내렸다.

한국전쟁 직후인 1953년에 영락교회가 숭실대학 재건기성회와 숭실대학 재단이사회를 조직하고 문교부에 숭실대학 설립인가를 요청하였다. 이듬해 설립이 허가되면서 숭실대학이 재건되었다.

숭실대학은 영락교회의 임시 건물을 캠퍼스로 사용하였다. 그러다가 1957년에 상도캠퍼스를 완성하면서 이전하였다. 1967년에 한국기독교박물관을 개관하고 1969년에는 우리나라에서 최초로 컴퓨터 대학교육을 실시하였다.

1971년에는 대전대학과 통합하면서 '숭전대학교'로 교명이 바뀌었고 12월에 종합대학교로 승격되었다. 그 후 1983년에 상도캠퍼스와 대전캠퍼스가 별도의 대학교로 분리되었다.

그리고 1987년 개교 90주년을 맞아 교명을 숭전대학교에서 숭실대학교로 환원하였다. 그리고 2005년부터 본격화된 '캠퍼스 마스터플랜'에 따라 형남공학관, 조만식 기념관, 웨스트민스터홀, 레지던스홀, 학생회관, 전산센터, 교육문화복지센터 등을 갖추었다.

2012년 현재 숭실대학교는 '숭실다움을 겸비한 인재의 양성과 함께 최초의 대학에서 최고의 대학으로 도약한다'는 기치로 숭실 2020 발전계획을 추진 중이다.

1914년 10월 10일

조선호텔 개업

1910년 한일병합조약 체결 이후 조선 총독부는 경성부에 일본이나 외국의 귀빈을 맞을 수 있는 숙박시설을 만들 계획을 세웠다.

1914년 10월 10일에 조선철도국이 원구단의 일부를 헐고 서양식 호텔인 조센호테루(朝鮮ホテル)를 개업하였다. 독일 건축회사 게오텔란트가 설계한 4층 규모의 호텔 건물은 일제강점기부터 근현대에 이르기까지 한국의 정치·경제·문화의 중심지가 되어 왔다.

광복 이후 미군은 이 호텔에 군정청 사령부를 뒀고, 이승만은 집무실을 두기도 하였다. 1948년 대한민국 정부가 수립된 이후 명칭이 '조선호텔'로 바뀌었다.

1970년에는 20층 규모의 현대식 건물로 개축하였다. 객실 수는 453실이다. 부대시설로는 레스토랑, 대연회장과 중소연회장, 헬스클럽, 수영장, 사우나, 비즈니스 센터, 미용실, 이발소, 약국, 기념품점과 500대 동시 주차가 가능한 주차장을 갖추고 있다. 1978년에는 부산 지점을 개관하였다.

1981년 미국 웨스틴 호텔 그룹과 제휴하면서 웨스틴 조선호텔로 이름이 바뀌었다. 1995년에는 신세계가 웨스틴 조선호텔의 지분을 완전히 인수하였다. 외식 사업부, 베이커리 사업부, 인더키친 사업을 운영 중이다. 서울 호텔은 서울특별시 중구 소공동에 자리 잡고 있으며, 부산 지점은 부산광역시 해운대구 우1동에 있다.

1945년 10월 10일

김일성 공식 등장

1945년 10월 10일 김일성이 '조선공산당 서북 5도 당원 및 열성자 대회'에 참석하여 조선공산당 북조선 분국의 창설을 주도하면서 공식적으로 북한 사회에 등장하였다.

그 후 김일성은 12월 17일에 열린 조선공산당 북조선 분국 제3차 확대집행위원회에서 분국 책임비서로 취임하였다. 그리고 이듬해인 1946년 2월 북한에서 조직된 임시 중앙기관인 북조선 임시 인민위원회 위원장에 선임되어 토지개혁 등 여러 가지 반제·반봉건적 개혁을 추진하였다.

1947년 2월에는 북한 주민들의 선거로 결성된 북조선 인민위원회 위원장에 선출되었다. 1948년 9월 조선민주주의 인민공화국이 수립되면서 내각수상에 선임되었다.

1949년 6월 남·북조선 노동당이 합쳐서 조선 노동당이 결성되었을 때 김일성은 조선 노동당 중앙위원회 위원장에 선임되었다. 이로써 김일성은 북한의 실질적인 권력자로 부상하였다.

* 1912년 4월 15일 '북한 주석, 김일성 출생' 참조
* 1948년 9월 9일 '조선민주주의 인민공화국이 수립되다' 참조
* 1994년 7월 8일 '김일성 주석이 사망하다' 참조

10월 11일

1251년 10월 11일

『팔만대장경』이 완성되다

그 산형山形은 천하에 절승絶勝하고 지덕地德은 해동海東에 으뜸이니 가히 정수지지精修之地라고 할 만하며 복리福利를 누리는 곳으로 더 비길 데가 없다. 그러므로 나라에서 가장 중요한 문서를 입안入安하여 진병鎭兵하게 하라.

-혁련정, 『균여전均如傳』

고려시대에는 대장경을 많이 조판하였다. 이는 불교를 융성시키려는 목적도 있었지만 문화국으로서의 위력을 이웃나라에 과시하고, 불력佛力으로 국난을 타개하려는 목적도 있었다.

고려에서 제일 처음 만들어진 대장경은『초조대장경初雕大藏經』이었다. 이는 1011년 거란의 침입을 계기로 만들어지기 시작하여 1087년에 완성되었다.

그 후 대각국사大覺國師 의천이 1073년부터 1090년까지 송나라에서 가져온 불서들을 엮어『신편제종교장총록新編諸宗敎藏總錄』을 만들었다. 그리고 1096년에 이 목록에 의하여 차례대로 인쇄한 것이『속장경續藏經』이었다.

몽골의 침입으로부터 나라를 지키기 위해 만들었던 부인사의『초조대장경』이 소실되자 강화도로 천도한 고려는 다시 대장경을 조조雕造하기로 하였다. 그리하여 교장도감敎藏都監을 새로 설치하고 1236년부터『팔만대장경』을 편찬하기 시작하여 1251년 10월 11일에 완성시켰다.

『팔만대장경』은 고려시대에 판각되었다 해서『고려대장경』이라고도 한다. 몽고의 침입으로 인해 다시 새긴 대장경이라는 의미로『재조再雕대장경』이라고도 하고, 해인사에 보관되어 있어서『해인사 대장경』이라고도 부른다.

가로 24cm · 세로 69cm · 무게 2.4~3.75kg인 경판 8만 1,340장으로 이루어져 있다. 이는 책으로 엮을 경우 6,815권이 될 정도로 방대한 분량이다.

『팔만대장경』은 고려왕실이 피난하였던 강화도에 보존되어 있었다. 그러다가 1398년에 한양에 있는 지천사支天寺를 거쳐 그해 가을 경상남도 합천의 해인사海印寺로 옮겨져 현재까지 보관되고 있다.

해인사 장경고는 땅에 숯과 횟가루, 찰흙 등을 넣어 다졌기 때문에 자동적으로 습기를 조절할 수 있다. 판전의 창문도 통풍이 잘 되도록 만들어져 판본 보존 창고로는 이상적인 건물이었다. 그래서『팔만대장경』이 이곳에서 장기 보관될 수 있었다.

또한 대장경의 목판 재료는 바다에 3년 동안 담갔다가 그늘에 3년 동안 말린 후에 사용했기 때문에 오랫동안 뒤틀림 없이 원형 그대로 보존될 수 있었다.

『팔만대장경』은『초조대장경』을 그대로 다시 조조한 것이 아니었다. 『초조대장경』을 기본으로 하고 송·거란본과도 비교하여 잘못된 것은 바로잡아 고쳤고, 빠진 것은 보완하였다.

『팔만대장경』은 글씨가 아름답고 오·탈자가 전혀 없다. 이 때문에 동양에 남아 있는 3,000여 종의 한역 장경 가운데 가장 완벽한 문화유산으로 평가받았다. 1995년 12월에 유네스코 세계문화유산으로 지정되었다.

대장경의 조조는 고려가 가장 어려웠던 시기에 240년이라는 장구한 시일을 통하여 이룩한 거국적인 사업이었다. 이는 고려가 대장경의 인쇄를 둘러싸고 경쟁하였던 송과 거란보다 뛰어난 문화를 지녔음을 증명한 것이었다. 또한 대장경의 조조는 인쇄술과 출판술의 발전에도 크게 공헌하였다.

1996년 10월 11일

마이클 잭슨, 첫 한국 공연

　1996년 10월 11일 세계적인 팝스타 마이클 잭슨의 첫 내한공연이 열렸다. 잠실 종합운동장에서 열린 공연에는 4만 명이 넘는 관객이 몰려들었다. 무대 특수 장치에 필요한 장비 문제로 예정보다 70분이나 늦게 시작했지만 마이클 잭슨은 특유의 무대 매너로 최고의 공연을 선보였다.

　사실 마이클 잭슨의 공연이 열리기까지는 수많은 고비가 있었다. 1992년 아시아 투어 때만 해도 일본, 대만, 태국, 필리핀 등에 밀려 투어 선정지에조차 들지 못하였다. 이듬해 마이클 잭슨이 일본 공연을 취소하고 한국에 오려고 했으나 당시 LA 한인 폭동 때문에 불발되기도 하였다.

　첫 내한공연이 결정되었을 때에는 5개의 종교·시민단체에서 '마이클 잭슨 공연 반대 대책위원회'까지 결성하고 반대성명을 발표하였다. 마이클 잭슨이 성추행범이라는 것과 쓸데없는 외화 유출을 막아야 한다는 이유에서였다. 이 때문에 문화체육관광부에 항의편지와 전화가 수없이 날아와 공연 무산 위기까지 가기도 하였다.

　마이클 잭슨은 1958년 미국 인디애나 주에서 9남매 중 일곱 번째로 태어났다. 잭슨의 아버지는 기타리스트였고, 어머니는 클라리넷 연주자였다.

　5세 때부터 친척들과 형제들로 이루어진 '잭슨 파이브'로 활동하면서 약 1억 장의 앨범을 판매하였다. 13세가 되던 1971년에 솔로 1집 앨범을 내고 데뷔하였다. 1982년에 발매한 앨범 「Thriller」는 전 세계적으로 1억 400만 장이 판매되는 대기록을 세웠다. 그래미 시상식에서 13개의 상을 수상하기도 하였다.

마이클 잭슨은 1990년에 32세로 역대 최연소 그래미 레전드상 수상자가 되었다. 2001년에는 로큰롤 명예의 전당에, 2002년에는 작곡가 명예의 전당에 올랐다.

하지만 마이클 잭슨은 2009년 6월 25일 의문의 심장마비로 갑자기 사망하였다.

2007년 10월 11일

한강 수상 관광 콜택시 운항

2007년 10월 11일 한강 르네상스 프로젝트의 일환으로 한강 수상 관광 콜택시가 운항을 시작하였다. 이를 위해 여의도와 잠실 등지에 18개 승강장이 설치되었다.

8인승인 이 수상택시는 잠실 선착장에서 여의도까지 14분 만에 닿을 정도로 빨라 지하철이나 택시와 비교해도 좋은 교통수단이었다.

출근시간(오전 7시~8시 30분)과 퇴근시간(오후 6시 30분~8시)에는 10~15분 간격으로 7호선 뚝섬역과 5호선 여의나루역을 오가는 통근노선을 운영하였다. 그리고 11월부터는 출퇴근 노선을 잠실 선착장까지 확대하였다.

또 운항 개시와 함께 낮 동안은 한강변에 설치된 11개 선착장을 오가는 관광 콜택시 형태로 운영되었다. 요금은 통근 시에는 1인당 5,000원이었으며, 관광택시로 이용할 경우 거리에 따라 최대 6만 원까지였다.

그러나 서울시가 야심차게 기획한 한강 수상택시의 실제 이용객은 평일 50명, 주말 100명 안팎에 불과하였다. 한강 수상택시 운영자인 '즐거운 서울'은 매년 10억 원에 가까운 운영적자에 시달렸고, 결국 2010년 4월 청해진 해운에 합병되었다.

그러나 청해진 해운도 한강 수상택시 운영 2년 만인 2012년 현재 20억 원 가까운 손실을 보았다.

10월 12일

1911년 10월 12일

105인 사건이 발생하다

나의 심리상태가 체포된 이전과 이후에 큰 변동이 생겼음을 깨달았다. 체포되기 이전에는 십수 년 동안 성경을 들고 교회당에서 설교하거나 교편을 잡고 교실에서 학생들을 교훈했으므로, 일 하나하나마다 양심을 본위로 삼아서, 사심이 생길 때마다 먼저 자기를 책하지 않고는 감히 다른 사람의 잘못을 책하지 못하는 것이 습관이 되었다. (……) 무릇 일곱 차례나 매달려 질식된 뒤에 냉수를 끼얹어 회생시킴을 당하여도 마음은 점점 강고해지고, 왜놈에게 국권을 빼앗긴 것은 우리의 일시적 국운의 쇠퇴요, 일본으로서는 조선을 영구히 통치할 자격이 없음이 불 보듯 확연한 일로 생각된다.

-김구, 『백범일지』

1910년 한일병합조약을 체결하여 조선을 점령한 일제에게 우리나라의 항일 민족세력들은 부담스러운 존재였다. 그 가운데 기독교 세력은 특히 더 위협적이었다. 연달아 일어난 3건의 일본인 또는 친일 세력 암살의 주인공이 모두 서북지역의 기독교인들이었기 때문이다. 이 때문에 일제는 서북지역과 기독교인들을 미리 진압해야 한다고 판단하였다.

1911년 일제는 기독교를 포함한 서북지역의 민족주의 세력을 뿌리 뽑기 위해 '안악安岳사건'을 조작하였다. 안명근 등이 부호들을 대상으로 독립운동 자금을 조달하다가 체포되었는데 이를 총독 암살 미수 사건으로 조작한 것이었다. 이 일로 10월 12일에 경신학교 학생 3명이 검거되었다.

일본은 평안도를 중심으로 하는 기독교 세력과 신민회를 암살 미수의 배후로 지목하였다. 그래서 민족 지도자를 포함하여 학생, 상인 등 600여 명을 검거하였다. 그리고 그중 신민회의 지도급 인사였던 윤치호, 양기탁, 이동휘 등과 교육자 김구 등을 포함하여 105명을 기소하였다. 체포·기소된 인물이 105명이라 '105인 사건'이라고 불린다.

기소장에 따르면 이들은 총독이 서북지역을 시찰할 때 총독 암살을 모의하는 한편 선교사들을 끌어들여 사후 대응조치까지 강구하였다는 것이다.

사건 관련자들이 압송되는 것을 용산역에서 출발하는 열차 안에서 보고 있던 이승훈은 고개를 돌려 눈물을 흘리다가 총독부 경찰에 의해 정체가 탄로나 체포되기도 했다.

기소된 이들은 온갖 고문을 받은 끝에 허위자백을 하고 말았다. 이 때문에 1심에서 105명 모두에게 유죄가 선고되었다. 그러나 항소심에서 피의자들에 대한 고문 사실이 폭로되고, 사건의 조작 사실이 드러났다. 당황한 재판부는 국제 여론을 의식하여 99명에게는 무죄를 선고하였다. 그러나 이 사건으로 신민회는 모두 와해되고 말았다.

기독교 인사이자 반일인사로 지목된 이승만은 미국 선교사들의 도움으로 출국하여 체포당하지 않았다. 김규식은 이 사건 이후 일제의 꾸준한 회유와 협박을 피해 1913년에 만주에 인삼 장사를 하러 간다는 핑계로 출국하여 몽골로 망명하였다.

윤치호 · 양기탁 · 안태국 · 이승훈 · 임치정 · 옥관빈 등 6명에 대해서는 징역 5~6년이 선고되었다. 그러나 징역 선고를 받은 6명도 1915년 2월 12일 일왕 다이쇼大正의 즉위식 때 특별 사면되어 석방되었다.

* 1910년 8월 22일 '한일병합조약이 조인되다' 참조
* 1930년 5월 9일 '독립운동가 이승훈 타계' 참조

1980년 10월 12일

신라의 삼년산성 발견

1980년 10월 12일 충북 보은군에 있는 오항산에서 신라시대의 산성이 발견되었다. 이 성의 이름은 삼년산성三年山城으로, 470년에 축성을 시작하여 3년 만에 완성되었다 해서 붙여진 이름이다. 신라가 고구려의 산성 축조기술을 배워 지은 성이다.

성의 둘레는 약 1.7km이고 성벽의 높이는 10~15m, 폭은 8~10m에 이른다. 우리나라에서 가장 대표적인 석축산성이며 가장 높은 성이기도 하다. 이후 486년에 신라 장군 실죽이 장정 3,000명을 동원하여 개

축하였다.

　이 산성은 삼국시대의 다른 성과는 달리『삼국사기』에 축성연대가 명확하게 기록되어 있다. 이를 통해 5세기 후반 신라의 축성술과 공역기간, 신라의 북진과정을 연구하는 데 큰 단서가 된다는 점에서 가치가 있다.

　삼년산성은 사방에 높은 봉우리를 두고 가운데가 오목한 고로봉 형식의 산성이다. 성벽이 높기 때문에 성에 올라가면 사방이 한눈에 내려다보이는 것이 특징이다.

　성벽은 서쪽의 낮은 부분을 제외하고는 능선을 따라 축성하였다. 내·외벽은 물론 성벽 속까지 돌로 채운 내외겹축內外夾築 방식이다. 성벽의 중간 중간에 모두 12~13개의 곡성曲城이 있다. 또한 아미지蛾眉池라는 연못을 비롯하여 5개소의 우물터가 있었던 것으로 보인다.

　삼년산성의 기능은 두 가지로 나누어 볼 수 있다. 첫 번째는 전투, 두 번째는 보급을 맡는 치중輜重이다. 전투는 일반적으로 치르는 일이지만 치중의 경우 다른 의미가 있다. 최전방에 있는 산성에 무기나 식량을 다량 보관하는 것은 매우 위험한 일이기 때문이다. 그러나 삼년산성의 경우 성이 견고하기 때문에 두 가지 기능을 모두 할 수 있었다.

　또한 삼년산성에서 가장 먼저 만들어진 서문의 문지방돌을 보면 수레바퀴 자국을 발견할 수 있다. 수레의 양쪽 바퀴 사이 너비가 1.66m나 되어 매우 큰 수레가 지나다녔음을 알 수 있다. 삼년산성에 치중의 임무가 없었다면 그렇게 큰 수레가 통행하였을 까닭이 없다.

　남쪽 곡성과 북쪽 곡성을 연결한 선으로부터 성문까지의 거리는 약 50m이다. 게다가 성문의 위치가 안으로 쑥 들어가 있어서 양쪽 곡성의 보호를 받기에 알맞게 되어 있다. 이처럼 삼년산성은 방어를 충분히 고려하여 만들어진 산성이다.

1985년 10월 12일
우리나라 최초의 시험관 아기 출생

1985년 10월 12일 서울대학교병원 산부인과에서 우리나라 최초로 시험관 아기가 탄생하였다. 최초의 시험관 아기는 이란성 쌍둥이로 각각 몸무게 2.63kg의 여자 아기와 2.56kg의 남자 아기였다. 이들은 제왕절개로 태어났다.

영국 맨체스터의 올드햄 병원에서 1978년 세계 최초의 시험관 아기가 탄생한 지 7년 만에 우리나라에서 시험관 아기가 태어난 것이었다. 이는 우리나라 산부인과 역사에 새로운 이정표를 쓰면서 불임 부부에게 희망을 주었다.

우리나라 산부인과 의사들이 시험관 아기 연구에 몰두하기 시작한 것은 영국에 이어 1981년 미국이 시험관 아기를 탄생시킨 뒤였다. 하지만 기술 이전은 쉽지 않았다. 많은 의사들이 영국·미국 등지에서 1~3개월의 단기 연수를 통해 기술을 배웠고 실험실에서 연구에 매달렸다.

1983년 서울대학교병원에 시험관 팀이 구성된 후 1984년부터 사람을 대상으로 직접 실험에 들어갔다. 그리고 1년여 동안 44쌍의 부부를 상대로 도전을 거듭한 끝에 성과를 거두었다.

우리나라 시험관 시술 능력은 이후 급속히 발전해 1987년에는 차병원에서 아시아 최초로 난소가 없는 여성이 임신에 성공하였다. 이어서

1988년에는 세계 최초 미성숙 난자의 체외 배양 임신에 성공하였다. 그리고 1998년에는 유리화 난자 동결 보존법 개발 등의 기록을 세우기도 하였다.

2012년 현재 우리나라에서는 연간 1만여 명의 시험관 아기가 태어나고 있다.

1987년 10월 12일

대통령 직선제 개헌안 국회 의결

제5공화국 헌법은 유신헌법과 마찬가지로 입법·사법·행정의 3권이 대통령에게 집중되어 있었다. 이처럼 자유민주주의를 부정한 헌법에 대한 국민들의 민주화 요구는 나날이 거세졌다.

1985년에 치러진 제12대 국회의원 선거에서 대통령 직선제 개헌을 주요 공약으로 내세운 3개의 야당(신민당, 민한당, 국민당)은 58.1%의 득표율로 여당을 앞질렀다. 그리고 신민당이 102석을 차지함으로써 148석을 차지한 여당을 견제할 수 있는 세력으로 등장하였다.

전두환 대통령은 개헌을 저지하는 정책을 밀고 나가다가 1987년에 6월 항쟁에 직면하였다. 결국 민정당 대통령 후보였던 노태우의 6·29 선언과 전두환 대통령의 7·1 담화를 통해 대통령 직선제 개헌과 민주화 조치가 이루어졌다.

그해 8월 31일 우리나라 역사상 처음으로 여야 합의에 의해서 개헌안 준비가 이루어졌다. 그리고 10월 12일에 국회에서 개헌안이 의결되었다. 개헌안은 10월 27일에 국민투표에 부쳐졌다. 전국 투표율은

78.2%였고, 찬성이 94.5%였다.

이때 의결된 대통령 직선제 개헌안은 거의 만장일치로 의결됐다는 점에서 민주화를 향한 커다란 전환점이 되었다고 볼 수 있다.

* 1987년 6월 10일 '6 · 10 민주화 항쟁이 일어나다' 참조
* 1987년 6월 29일 '노태우 민정당 대표, 6 · 29 민주화 선언을 하다' 참조

10월 13일

552년 10월 13일

백제, 일본에 불교를 전파하다

동 10월, 백제의 성왕은 사신을 보내 석가불의 금동 석가불상 1구, 번幡과 천개天蓋 약간, 경론經論 몇 권을 바쳤다. 따로 표를 올려 널리 불법을 찬양하여 '이 법은 모든 법 중에 가장 훌륭한 것입니다. 이해하기 어렵고 들어가기도 어려우니 주공周公과 공자孔子라도 오히려 능히 알 수 없을 것입니다. (……) 이 때문에 백제왕 명은 노리사치계를 보내 조정에 이를 전해 드려 기내畿內에 유통시키고자 합니다. 부처가 내 법은 동쪽에 전해질 것이라고 말씀하신 것을 실현시키는 것입니다.'라고 하였다.

-『일본서기』흠명 13년

삼국시대에 백제의 문화는 일본에게 있어 우러름의 대상이었다. '백제'라는 이름이 사물의 가치를 평가하는 기준이 될 정도였다. 조선 후기의 통신사도 오늘날의 한류 스타 못지않은 스타였다고 한다. 통신사가 일본에 한 번 뜨면 열도가 뒤집어지고 복식이 바뀌었다는 이야기가 전해지고 있다.

우리 문화가 끊임없이 중국의 영향을 받았듯이 일본도 우리 문화의 세례를 지속적으로 받아왔다. 이미 선사시대부터 우리는 일본에 문화를 전파하기 시작하였다. 예를 들어 일본의 야요이 문화는 한국의 청동기 문화가 그 밑바탕을 이루었다고 할 수 있다.

삼국 중에서도 백제는 일본 문화에 압도적인 영향을 끼쳤다. 근초고왕 때 박사 왕인이 『논어』와 『천자문』을 일본에 가져가 유학을 보급시켰다. 직공과 도공, 제봉공들도 여러 차례 일본에 건너가 생활에 유용한 기술을 전해 주었다.

하지만 일본에 전파한 문화 중에서 가장 두드러지는 것은 역시 불교이다. 불교가 고대국가에서 차지하는 위상이 그만큼 높았기 때문이다. 침류왕 원년(384)에 불교를 받아들였던 백제는 성왕 30년(552) 10월 13일에 노리사치계를 일본에 보내 불교를 전해 주었다.

그런데 그 시기를 놓고 두 가지 설이 대립하고 있다. 『일본서기日本書紀』는 흠명 13년(552)에 불교가 전래된 것으로 기록하고 있는 것에 반해 『상궁성덕법왕제설上宮聖德法王帝說』과 『원흥사연기元興寺緣起』에는 흠명 무오년(538)에 불교가 들어온 것으로 되어 있는 것이다. 우리나라에는 이와 관련한 자료가 하나도 남아 있지 않다.

『원흥사연기』에 따르면 성왕이 흠명 무오년에 일본에 사신을 보내 태자상과 관불기 1구, 『설불기서권說佛起書券』 등을 전하였다고 한다. 『설불기서권』은 석가의 삶을 그린 전기이므로 태자상은 곧 싯다르타 태자상을 가리킨다. 이것은 성왕 16년(538)의 일로서 이 기록이 사실이라면 불교가 일본에 처음 전해진 시기는 『일본서기』의 기록보다 당연히 빨라진다.

『상궁성덕법왕제설』에 따르면 흠명 무오년에 백제의 성왕이 불상과 불경, 승려 등을 처음으로 보냈다고 한다. 전래물이 『원흥사연기』와 다소 다르긴 하지만 전래 연도는 같다.

이런 두 가지 설에 대하여 일본 학계는 대체적으로 '무오년(538) 전래설'을 지지하고 있다. 그러나 『일본서기』의 기년으로 따지면 흠명 무오년은 존재하지 않는다. 538년은 선화천황 3년에 해당한다. 이는 흠명천황의 재위 기간이 사서마다 서로 다르기 때문에 나타난 현상이라 문제가 조금 복잡해진다.

그러나 어느 사서의 기록을 빌리든 흠명천황 때 불교가 처음 들어온 것이 사실이므로 백제에서는 성왕 때 불교를 일본에 전해 준 것이 틀림없다. 김부식의 『삼국사기』가 불교 기사를 충실하게 다루지 않은 것이 새삼 아쉬워지는 부분이다.

처음 성왕이 일본에 불교를 전했을 때, 소가 가문 외에는 호의적인 반응을 보이지 않았다. 그러나 소가 가문이 모노노베 가문과의 권력 투쟁에서 이겨 스이코 천황을 세우고 쇼토쿠 태자가 섭정을 맡으면서 분위기는 180도 달라졌다.

쇼토쿠 태자는 불교를 중심으로 당시의 수도였던 아스카에서 이전과는 차원이 다른 아스카 문화를 꽃피웠다. 유명한 호류지(법륭사)도 이때 건설되었다. 아스카는 나라 현에 있는데, '나라'라는 지명도 우리말의 '국가'를 뜻하는 것이라고 한다. 실제로 아스카 문화에는 백제인의 숨

결이 고스란히 스며들어 있다.

1990년 10월 13일

노태우 대통령, '범죄와의 전쟁' 선포

1986년 서울 아시안 게임과 1988년 서울 올림픽을 거치면서 급변한 사회 분위기는 각종 사회병리 현상들을 유발하였다.

사치 · 향락 풍조의 만연, 음란 · 퇴폐 문화의 범람, 준법 · 질서 의식의 결여, 청소년 교육환경의 악화, 도시화 진전의 역기능 등이 확산되면서 강도 · 강간 사범도 급격히 증가하였다. 특히 1980년대에 가정 파괴나 부녀자 대상 강도 · 강간범은 무려 183.3%나 증가하였다.

이런 사회적 문제를 해결하고자 노태우 대통령은 1990년 10월 13일 '범죄와의 전쟁'을 선포하였다. '10 · 13 특별선언'이라고도 불리는 이 선언은 국가적인 차원에서 총력을 기해 범죄예방 활동을 전개하겠다는 의지의 표명이었다. 선언의 내용은 다음과 같았다.

첫째, 국가 공동체를 파괴하는 범죄와 폭력에 대해 전쟁을 선포하고 헌법이 부여한 대통령의 모든 권한을 동원하여 이를 소탕해 나갈 것입니다.
둘째, 민주사회의 기틀을 위협하는 불법과 무질서를 퇴치할 것입니다.
셋째, 과소비와 투기, 퇴폐와 향락을 바로잡아 '일하는 사회' '건전한 사회'를 만들어 나갈 것입니다.

대통령의 특별선언 이후 경찰은 이를 실현하기 위해 모든 역량을 쏟아부였다. 방범을 보강하기 위해 경찰청 보안부를 방범국으로 개편하고, 각 지방청과 경찰서 보안과를 방범과와 방범지도과로 개편하였다.

112 신고체제를 보강하기 위해 순찰차도 크게 증강하였다. 이동 방범파출소 운영, 과학적인 방범진단 실시, 지·파출소 직원의 사기앙양 등의 시책도 아울러 추진하였다. 연말연시나 휴가철에 특별 방범 활동을 실시하였고, 컴퓨터 신고망을 운영하였다. 방범기기 전시회, 불법무기류 자진신고 및 단속, 방범 홍보 활동 등도 강화하였다.

유해환경의 정화에도 심혈을 기울여 유흥업소의 변태영업, 퇴폐행위 및 시간 외 영업을 집중 단속하였다. 행락질서 위반사범을 지속적으로 단속하였으며, 「풍속영업의 규제에 관한 법률」을 제정하였다. 또한 「사행행위 등 규제법」을 개정하여 각종 유해환경 척결에 힘을 쏟았다.

또한 미성년자 출입 제한구역을 설정하여 운영하였다. 학교 주변 유해업소를 지속적으로 단속하여 청소년 선도에도 심혈을 기울였다. 민·경 협력 치안체제를 구축하기 위해 자율방범대를 조직하고, 예비군들도 방범활동에 동참하도록 하였다. 금융기관의 자율 방범기능도 강화하였다.

이런 노력의 결과로 경찰의 범죄 대응 능력이 크게 향상되었다. 또 조직폭력배를 대대적으로 소탕함으로써 폭력조직의 와해가 가시화되었다. 5대 범죄의 발생이 2.7% 감소한 반면, 검거율은 예년에 비해 7.4% 증가하였다.

또한 어느 정도 범죄를 예방하는 사회적인 분위기를 조성하였다. 특히 경찰의 방범 역량이 강화되었으며, 방범 인력 운용이 크게 늘어났다. 범인성 유해환경의 정화, 기소중지자의 대량 검거, 자율 방범의식의 고조 등도 큰 수확으로 평가되고 있다.

1149년 10월 13일

고려 의종, 옥룡사에 도선국사비를 세우다

898년 음양풍수설의 대가였던 도선국사가 입적한 후 250여 년이 지난 1149년 10월 13일에 고려 의종이 그를 기리는 비를 세웠다. 비는 현재 남아 있지 않지만 전라남도 광양에 있는 백계산 옥룡사가 있던 자리에서 부도 터가 발견되었다. 이를 통해 그동안 비문으로만 남아 있던 도선의 비가 바로 여기에 있었음을 알게 되었다.

도선의 비문은 목판본으로 규장각에 보관되어 있다. 지문하성사知門下省事 최유청이 쓴 비문에는 '옥룡사에서 35년간 참선하면서 수도를 한 고승'이라고 적혀 있다.

옥룡사는 도선이 중창하고 살았던 절이다. 또한 '음양지리', 즉 풍수지리를 배운 내력과 왕건의 고려 창업을 예언하는 내용이 적혀 있다. 비문의 뒷면에는 이 비를 건립하게 된 배경이 적혀 있다.

도선은 827년 전라남도 영암에서 태어났다. 15세 되던 해에 지리산 화엄사에 들어가 승려가 되었다. 중국의 남돈선南頓禪을 받아들인 혜철의 가르침을 받아 이를 신라의 토양과 풍습에 알맞게 적용하였다.

도선국사는 우리나라 풍수지리학의 선구자이다. 대표적인 저서로 『도선비기道詵秘記』가 있다. 비기라고 하면 풍수지리설이 연상되고 도선이 살아있던 시기를 기준으로 하여 우리나라 풍수지리학의 역사를 신라 말기까지로 보기도 한다.

도선국사비는 일제강점기 초에 유실되었으나 2003년에 본래 자리에 복원되었다.

1924년 10월 13일

「조선일보」,
우리나라 최초의 신문만화 「멍텅구리」 게재

우리나라 신문 사상 최초의 네 컷짜리 연재만화가 시작된 것은 1924년 10월 13일자 「조선일보」였다. 「멍텅구리 헛물켜기」라는 제목의 명랑만화였다.

이 작품은 새로운 지면을 구상하던 「조선일보」 간부들이 생각을 모아 만들어 냈다. 미국의 조지 맥마너스의 만화 「매기와 지그스」에서 착안하였고 우리나라 최초로 분업 방식으로 만들어졌다.

주인공 최멍텅과 친구 윤바람, 그리고 미모의 기생 신옥매가 등장하여 한량과 기생의 연애 행각을 그린 작품이었다. 이 작품은 별다른 오락거리가 없었던 시절 독자들로부터 폭발적인 인기를 끌었다. 그림은 심산 노수현이 그렸고, 스토리는 「조선일보」 편집고문 이상협과 주필 안재홍이 꾸몄다.

「멍텅구리 헛물켜기」는 이후 「멍텅구리 련애생활」 「멍텅구리 가뎡생활」 등 시리즈로 구성되었다. 1926년에는 반도 키네마에서 이 만화를 「멍텅구리」로 각색하여 영화로 제작하였다. 우리나라 최초의 만화 원작 영화였다. 인사동에 있는 조선극장에서 상영된 이 영화는 만화만큼이나 큰 인기를 끌었다.

「멍텅구리」 시리즈는 1927년 3월 11일에 501회로 대단원의 막을 내렸다.

10월 14일

1966년 10월 14일

경주 불국사 석가탑에서
목판인쇄 다라니경을 발견하다

어떤 이가 이 주문을 법대로 쓰고 받아 지니고 읽고 외우고 공양하고 공경하며 몸에 차면, 주문의 위력이 이 사람을 옹호하여 여러 원수와 원수의 무리들과 모든 야차와 나찰과 푸우타나들이 이 사람의 말을 듣거나 그 그림자 안에 들어가거나 그 몸에 닿으면 그들의 전세에 지은 모든 죄업이 소멸되고, 여러 가지 독한 것이 해롭게 하지 못하며, 불이 태우지 못하고 물이 빠뜨리지 못하고 양밥과 삿된 매귀가 짬을 얻지 못하며, 뇌성과 벼락이 시끄럽게 하지 못하느니라. 항상 부처님의 가피를 입으며 여러 여래께서 위로하고 보호하시며 천인과 선신들이 세력을 증장케 하므로 다른 주문들이 능히 건드리지 못하느니라.

그러므로 온갖 곳에서 이 주문을 구하여 쓰고, 써서는 큰길가에 있는 탑 속에 넣어, 오고 가는 중생들과 새와 짐승과 나비, 파리, 개미들까지 모두 지옥이나 여러 나쁜 갈래를 여의고 천궁에 태어나서 항상 숙명통을 얻고 퇴전하지 않게 하라.

-『무구정광대다라니경』

1966년 9월 3일 밤, 경주 불국사에 도둑들이 침입하였다. 이들이 목표로 삼은 것은 석가탑이었다. 석가탑 안에 있을지도 모를 사리장엄구를 탈취하기 위해서였다.

　이들은 사흘에 걸쳐 밤마다 잭으로 탑신을 들어 올렸지만 원하던 물건을 찾지 못하고 탑의 일부만 훼손하였다. 탑이 훼손된 것이 도굴범의 소행임을 눈치챈 불국사 측의 신고로 범인들은 곧 일망타진되었다.

　이들은 유물을 탈취하지 못했다고 주장했지만 탑을 해체하기 전에는 그 말을 믿을 수 없었다. 또 범인들이 탑을 훼손한 탓에 원래대로 복구할 필요도 있어 10월 13일 복원공사에 들어갔다.

　탑을 해체하면서 2층 탑신에 봉안된 금동제 사리함이 발견되어 일단 석탑 안의 유물은 무사한 것이 확인되었다. 하지만 그 와중에 2층 옥개석을 땅에 떨어뜨려 일부가 부서지는 큰 사고가 났다. 그야말로 석가탑의 수난이었다. 게다가 한 승려의 실수로 사리함 속에 들어있던 녹색 사리병이 깨져 분위기는 더욱 침울해졌다.

　그러나 그 와중에 아무도 예상하지 못한 유물 하나가 발견되어 세계 학계가 발칵 뒤집혔다. 10월 14일에 『무구정광대다라니경』(이하 『다라니경』)이 발견된 것이었다. 석가탑에서 1,200년 동안이나 잠들어 있던 이 유물은 세계에서 가장 오래된 목판 인쇄물로 밝혀졌다.

　'다라니'란 부처가 가르친 설법의 핵심으로 신비한 힘을 가졌다고 알려진 주문을 말한다. 보통 산스크리트어를 번역하지 않고 소리 나는 대로 옮겨 적은 것이다. 그래야 번역으로 인한 의미의 제약을 막고 그 신비성도 유지할 수 있기 때문이었다.

　『다라니경』은 도화라국의 승려 미타산이 당나라에 와서 법장과 함께 한문으로 번역한 것으로, 탑 건립에 따른 공덕을 찬양한 경전이다. 이것에 의하면 작은 탑을 무수히 만들어 그 하나하나에 다라니를 넣고 탑에 모셔 주문을 외면 수복을 누리고 부처가 될 수 있다고 한다.

『다라니경』은 전체 길이가 약 6.2m, 폭이 6.7cm인데, 닥종이 12장을 풀로 잇대어 붙인 두루마리로 되어 있다. 발견 당시 비단 보자기에 싸여 있었는데, 보자기는 부식이 심하였다. 보자기에 처음 손을 대었을 때 통통한 좀벌레 6마리가 흩어져 나오기도 하였다.

『다라니경』도 훼손이 심해 앞부분 2.5m 가량은 33조각으로 찢어진 상태였다. 다만 속으로 들어갈수록 점점 상태가 좋아져 마지막에 가서는 거의 원형을 유지하였다. 그러나 오랜 세월이 지난 탓에 만지기만 해도 종이가 부스러져 결국 1980년대 후반에 일본의 기술자를 불러 4개월 동안 전면적으로 보수하였다.

이 『다라니경』은 제작 연도를 표시하는 간기刊記가 없어 정확한 간행 연대를 알 수가 없었다. 다만 석가탑이 751년에 세워졌고, 측천무후 집권 기간(690~705)에만 주로 통용되었던 '무주제자武周制字'의 일부가 등장하는 것으로 보아 늦어도 751년 이전에 간행되었을 것으로 보고 있다.

종전까지는 770년에 간행된 일본의 『백만탑다라니경』이 가장 오래된 목판 인쇄물로 알려져 있었는데, 『다라니경』의 발견으로 이것이 전면적으로 수정될 수밖에 없었다.

우리나라가 『다라니경』을 발견하자 자신들이 인쇄술 종주국이라며 자랑하던 중국은 일대 비상이 걸렸다. 이들은 궁여지책으로 『다라니경』이 낙양에서 인쇄된 후 신라로 반출된 것이라는 억지 주장을 펼쳤다. 측천무후가 만든 글자가 나타나고 중국산 종이로 만들어졌다는 것이 그 중요한 근거였다.

그러나 조사 결과 종이는 신라의 닥종이로 밝혀졌고, 측천무후의 글자를 사용한 것도 당의 군사 지원으로 삼국을 통일한 신라였기 때문에 이상할 것이 없었다. 측천무후의 역법을 채용해 사용했다는 기록이 이를 말해 준다.

1990년대 후반에는 이보다 더 결정적인 증거가 제시되었다. 경주 황복사 석탑에서 발견된 사리함의 글자와 『다라니경』 권미제(책의 마지막 부분에 제작에 참여했던 사람들을 적은 글)의 글자가 똑같은 글씨체로 밝혀진 것이었다. 이로써 『다라니경』이 신라에서 제작된 세계 최고의 목판본임은 더욱 명백해졌다.

하지만 이것이 우리가 세계 최초로 목판 인쇄를 창안했다는 증거는 될 수 없다. 우리는 단지 인쇄물만 소유하고 있는 것이지 기술의 창안을 증명할 증거는 아무것도 없기 때문이다.

따라서 앞으로 언제든지 『다라니경』보다 빨리 간행된 목판 인쇄물이 중국이나 일본 등에서 발견될 가능성을 배제할 수는 없다.

1993년 10월 14일

영화감독 임권택, 제1회 상하이 국제영화제에서 「서편제」로 감독상 수상

1993년 10월 14일 영화감독 임권택이 제1회 상하이 국제영화제에서 「서편제」로 감독상을 받았다.

「서편제」는 이청준의 동명 소설을 원작으로 한 영화이다. 어느 소리꾼 집안의 기구한 삶을 통해 한국인의 한(恨)을 훌륭히 표현하였다.

단성사에서 개봉하였던 이 영화는 '판소리'라는 우리나라 전통 음악을 소재로 하여 우리나라 영화 사상 처음으로 서울에서 100만 명 이상의 관객을 동원하는 기록을 세웠다. 제31회 대종상영화제 6개 부문을 휩쓸었으며 제46회 칸 영화제, 제50회 베니스 영화제에도 출품되었다. 줄거리는 다음과 같다.

1960년 전라남도 보성군의 소릿재. 청년 동호는 아버지와 이복누이인 송화를 찾아다니다가 보성의 소릿재에 있는 주막에 묵는다. 이 주막의 주인인 세월네의 판소리 장단에 맞춰 북을 치면서 동호는 잠시 어린 시절을 회상한다.

소리품을 팔며 살던 유봉은 동호의 엄마인 금산댁, 그리고 자신의 양딸 송화와 함께 가족을 꾸린다. 그러나 금산댁은 출산 도중 죽고 유봉은 아이들을 데리고 유랑길에 오른다. 유봉은 동호에게는 북을 가르치고 송화에게는 소리를 가르친다. 하지만 생활고와 엄마의 죽음에 괴로워하던 동호는 혼자 떠나 버린다.

어린 시절을 회상하던 동호는 세월네로부터 송화가 눈이 멀었다는 놀라운 소식을 듣게 된다.

몇 년이 지나 어느 주막에서 동호는 눈 먼 송화를 만나 그녀에게 판소리를 청한다. 송화는 아버지와 똑같은 북장단을 치는 그가 동호임을 눈치챈다.

임권택은 1962년 처음으로 감독 제의를 받은 영화 「두만강아 잘 있거라」가 흥행에 성공하면서 본격적으로 영화를 만들기 시작하였다.

1981년 김성동의 소설을 원작으로 한 영화 「만다라」로 예술성과 오락성 두 마리 토끼를 모두 잡았다. 이 영화는 우리나라 최초로 베를린 영화제에 초청되기도 하였다.

1986년에 만든 영화 「씨받이」로 주연배우 강수연은 베니스 영화제 여우주연상을 수상하였다. 1990년에 개봉한 「장군의 아들」은 67만 명의 관객을 모으며 엄청난 흥행을 기록하였고, 3편까지 제작되어 모두 흥행에 성공하였다.

이후에도 1989년 「아제아제 바라아제」가 모스크바 영화제 여우주연상을 수상하면서 임권택은 세계적인 감독으로 발돋움하였다. 2000년에 제작한 「춘향뎐」은 우리나라 최초로 칸 영화제에 초청되었다. 그리고 2002년에는 「취화선」으로 칸 영화제 감독상을 수상하였다.

2011년에 자신의 101번째 영화인 「달빛 길어올리기」를 극장에 올렸다. 2012년 현재도 영화계 여러 분야에서 활발하게 활동하고 있다.

* 1989년 7월 18일 '영화배우 강수연, 모스크바 영화제에서 여우주연상 수상' 참조
* 2002년 5월 26일 '임권택 감독, 제55회 칸 영화제에서 「취화선」으로 감독상을 수상하다' 참조

1950년 10월 14일

중국군, 한국전쟁에 참전

1950년 인천 상륙 작전 성공 이후 국군과 유엔군은 38선을 돌파하였다. 10월 중순에는 이미 유엔군이 청천강 지역까지 도달하였다. 동부전선에서 국군은 원산과 함흥을 장악하였다.

상황이 이렇게 되자 11월에는 전쟁이 끝날 것이라는 낙관론이 확산

되기 시작하였다. 그러나 10월 14일 밤, 대규모의 중국군이 압록강을 건너 북한 지역으로 투입되었다. 이는 지난 5월에 김일성과 마오쩌둥이 회담에서 미리 약속해 둔 일이었다.

중국군이 참전하면서 한국전쟁은 전혀 새로운 양상으로 전개되기 시작하였다. 중국군은 10월 말 유엔군에 대해 제1차 대공세를 펼쳤다. 그리고 11월 초 썰물처럼 사라졌다. 이때 잡힌 중국군 포로들을 심문했지만 미국은 대규모 중국군이 투입되었다는 사실을 인식하지 못하였다. 그리하여 11월 25일부터 시작된 중국군의 제2차 대공세로 인해 유엔군은 심각한 타격을 입었다.

그리고 12월 31일부터 이듬해 1월 14일까지 계속된 제3차 대공세의 결과, 유엔군은 다시 수도 서울을 적에게 빼앗기고 말았다. 중국군의 공세가 만만치 않음을 느낀 맥아더는 워싱턴에 만주 폭격을 허용해 줄 것을 요청하였다.

그러나 트루먼 행정부는 미국의 만주 폭격이 전쟁의 범위를 확대시킬 것을 우려하여 이를 허용하지 않았다. 이 때문에 트루먼 대통령과 맥아더 장군은 전쟁 방식을 두고 갈등을 빚게 되었다. 이러한 갈등은 1951년 맥아더의 해임으로 이어졌다.

맥아더 해임 이후 리지웨이가 유엔군 사령관에 임명되었다. 그는 중국군의 계속된 대공세를 잘 막아냈다. 그리고 전선을 38선 근처에 교착시키고 서울을 재탈환하는 데 성공했다.

하지만 중국군의 계속된 대공세로 인하여 보급선은 점점 길어졌다. 이를 알아낸 미군은 공군력을 이용하여 한반도 내부에서 중국군의 병력 이동과 보급을 차단시킬 수 있었다.

1952년 5월 16일부터 23일까지 계속된 중국군의 제6차 대공세를 마지막으로 중국군의 공세는 사그라들기 시작했다. 드디어 7월 초 유엔군과 공산군이 휴전회담 개최에 합의함으로써 군사접촉선을 중심으로 전쟁은 지구전에 돌입하였다.

* 1950년 6월 25일 '한국전쟁이 발발하다' 참조
* 1950년 9월 15일 '유엔군, 인천 상륙 작전을 개시하다' 참조
* 1951년 3월 24일 '맥아더 장군, 38선 이북 진격 명령' 참조

1985년 10월 14일

세계 최초의 금속활자 인쇄소인 청주 흥덕사 터 발견

흥덕사는 현존하는 금속활자 인쇄본 중 세계에서 가장 오래된 『백운화상초록불조직지심체요절白雲和尚抄錄佛祖直指心體要節』을 간행한 곳이다.

이 책은 고려 우왕 3년(1377)에 백운화상이 『불교직지심체요절』을 간추려 엮은 것을 제자들이 금속활자로 인쇄한 것이었다. 또한 독일 구텐베르크의 『42행성서』보다도 78년이나 일찍 인쇄되었다. 2001년에 유네스코 세계기록유산에 등재되었다.

1985년 10월 14일 청주 운천지구 택지개발사업 중 흥덕사의 금강 터, 강당 터, 탑 터와 이들을 둘러싼 회랑 터의 일부가 발견되었다. 바로 공사가 중단되고 청주대학교 박물관에서 발굴작업에 돌입하였다.

발굴 조사 결과, 출토된 청동 금구와 청동 불발에 '흥덕사'라는 명문이 음각되어 있어 이곳이 바로 흥덕사지임을 알 수 있었다. 이곳에서는 각

종 기와와 벽돌, 그릇 조각을 비롯해 작은 종, 금강저 등이 출토되었다.

흥덕사지는 발굴 완료 후 사적 제315호로 지정되었다. 그리고 그 자리에 1987년부터 1991년까지 43억 원을 투입하여 우리나라 인쇄문화의 발달과정을 살필 수 있는 고인쇄박물관을 설립하였다. 정면 5칸, 측면 3칸 겹처마 팔작지붕의 금당과 3층석탑을 복원하고 1992년 3월에 개관하였다.

또한 1997년부터 2000년까지 총 사업비 108억 원을 투입하여 증축공사를 실시하였다. 그래서 현재 연건평 1,468평, 전시면적 492평 규모로 확장 정비되었다. 전시실은 상설전시실 5개, 기획전시실 1개이며, 부대시설로 세미나실 300석, 영상실 45석, 주차장이 갖추어져 있다.

고서, 인쇄기구, 흥덕사 출토유물 등 총 1,100여 점의 유물을 소장하고 있다.

10월 15일

1971년 10월 15일

박정희 대통령, 서울에 위수령을 발동하다

이 영은 육군 군대가 영구히 1지구에 주둔하여 당해 지구의 경비, 육군의 질서 및 군기의 감시와 육군에 속하는 건축물, 기타 시설물의 보호에 임함을 목적으로 한다.

-위수령 제1조

박정희 정부는 영구집권에 대한 대학생들의 저항을 억누르기 위해 대학의 병영화를 시도하였다. 그 첫 번째 조치가 바로 대학 교련 과목의 신설이었다.

1969년 10월 '3선 개헌'을 통과시킨 박정희 정부는 이듬해인 1970년 2월에 국무회의를 열어 대학 교련 개정안을 확정하고 새 학기부터 바로 시행하였다. 그 내용은 종래의 예비역 교관을 현역으로 바꾸고, 매주 2시간씩 3학년까지 실시하던 훈련을 매주 3시간씩 4년간 총 711시간을 이수하도록 한 것이었다.

이런 조치는 학생들의 거센 반발을 불러왔다. 학생들의 저항은 이듬해인 1971년까지 이어졌다. 개강과 함께 교련 철폐 시위로 들끓던 대학가는 4월 27일 대선에 대한 부정선거 논란까지 가세하자 걷잡을 수 없이 타오르기 시작하였다.

서울대학교와 고려대학교, 성균관대학교 학생들은 '민주수호 전국청년학생연맹'을 결성하였다. 이들은 4·27 선거를 불법·부정·관권 선거로 규정하고 전면적인 대정부 투쟁을 선언하였다. 학생들의 부정선거 규탄은 군사교육 거부로 표현되었다.

학생들의 시위가 거세지자 10월 15일 청와대는 '학원질서 확립을 위한 대통령 특별명령'을 발표하였다. 제정 후 첫 위수령 발동이었다.

김성진 청와대 대변인은 위수령 발동의 배경에 대해 다음과 같이 설명하였다.

"북괴의 군사적 움직임과 대남공작의 새로운 양상에 비추어 시기적으로 이번 시험기간을 이용한 일부 불순학생의 '데모' 선동이 국가 안위에 미치는 영향을 감안하여 대통령 특별명령이 내려지게 된 것입니다."

양택식 서울시장은 계엄령 제12조에 의해 수도경비사령부에 병력지원을 요청하였다. 이날 오전 고려대학교에는 수경사 병력 200명이 2대의 장갑차, 16대의 트럭을 타고 들이닥쳤다. 군인들은 캠퍼스 안에서 여학생과 ROTC 후보생을 제외한 학생 전원을 연행하였다.

이런 일은 고려대학교뿐 아니라 연세대학교, 서울대학교 등 서울 시내 7개 대학에서도 마찬가지였다. 대학을 접수한 군대는 사태가 수습될 때까지 주둔하겠다고 학교에 통보하고 외부인과 학생들의 학교 출입을 차단하였다.

또한 이날 오후 유재흥 국방부 장관은 '군은 대통령의 특별명령 9개 항목이 달성되는 대로 본연의 임무로 돌아갈 것'이라는 성명을 발표하였다. 특별명령 9개 항목이란 "학원 질서를 파괴하는 모든 주동 학생을 학원에서 추방하라."는 박정희 대통령의 지시가 담긴 명령이었다. 군 당국은 이날 하루 동안 서울에서 1,889명의 학생을 연행하였다.

이후 10월 17일에 각 대학은 시위 주동학생 174명을 제적했다고 문교부에 보고하였다. 국방부는 제적 학생 중 47명에게 1차로 입영 영장을 발부하였다. 경찰도 시위 주동자와 제적 학생에 대해 특별 검거령을 내렸다. 이렇게 연행된 학생들은 바로 수도통합병원으로 끌려가 간단한 신체검사를 받고 입영 열차를 타야 했다.

이런 조치를 완료한 정부는 10월 23일 오전 각 대학에 주둔한 병력에 철수 명령을 내리고 11월 9일에 위수령을 해제하였다. 그리고 1년 뒤인 1972년 10월 17일, 박정희 대통령은 초헌법적 조치인 '10월 유신'을 단행하여 독재 체제를 구축하였다.

* 1969년 9월 9일 '3선 개헌안 국회 상정' 참조

* 1972년 10월 17일 '대통령 박정희, 10월 유신을 단행하다' 참조

1993년 10월 15일

전교조, 해직 교사 복직 결정

"교육개혁을 실현하고 전교조 합법화와 원상회복을 앞당기기 위해 '가능한 한 최대 다수'의 해직 교사들이 학교 현장으로 돌아가서 동료 교사, 학생, 학부모와 더불어 생활하며 참교육 실천에 매진할 수 있도록 '고뇌에 찬 결단'을 내리고자 합니다. 오늘 저의 결단은 정부의 반개혁적인 복직방침을 수용하는 것이 결코 아니며, 새 정부 출범 이후 더욱 지연되고 있는 교육개혁에 박차를 가하고 더 큰 승리를 앞당기기 위해 그동안의 작은 승리와 성과를 계승하며 자신감 속에서 전진하는 것을 의미합니다."

-전교조 해직 교사 복직과 관련한 특별담화문

1989년 5월에 결성되어 참교육 실현을 위해 투쟁해 온 전국교직원노동조합(전교조) 해직 교사들의 복직이 1993년 10월 15일에 허용되었다. 전교조가 교육부의 '선 탈퇴 후 복직' 조건을 수용하여 교육 현장에 참여하기로 결정한 것이다.

전교조 창립 당시 노태우 대통령은 특별담화를 통하여 전교조를 불법단체로 규정하였다. 이 때문에 1992년까지 전교조에 참여하였다는 이유로 많은 교사들이 해직되었다.

1993년 10월 15일 전교조는 특별담화문 발표와 아울러 해직 교사들에게는 10월 25일을 전후해 전교조 15개 시·도지부별로 복직신청서

를 시·도 교육청에 일괄 제출하는 내용의 방침을 전달하였다.

전교조는 10월 25일에 최대한 다수의 교사들을 복직시키기 위해 위원장, 수석부위원장, 전직 위원장을 제외하고 전원이 복직 신청 절차에 참여한다는 내용의 구체적인 방침을 정하였다. 이에 따라 10월 28일까지 교육부가 밝힌 복직 대상자 1,483명 가운데 간부 4명과 학원강사 전업 등으로 복직을 미룬 59명을 뺀 1,421명이 신청서를 냈다.

그런데 서울교육청은 사학민주화 관련 해직교사와 임용 제외자 등 상당수의 복직 신청서 접수를 거부하였다. 조희주 서울지부장과 지회장들이 다시 접수를 시도했을 때도 그것을 거부해 항의와 성명 발표 소동 끝에 겨우 접수가 시작되었다.

우여곡절 끝에 복직절차를 밟고 정부는 1996년 12월 OECD 가입 시 국제 노동기준에 따라 교원노조 허용을 포함한 노동법 개정을 약속하였다. 또한 1998년 2월 노사정위원회가 교원의 노동조합 결성권을 보장한다는 노사합의문을 발표하였다.

이어서 1999년 1월 「교원의 노동조합 설립 및 운영에 관한 법률」이 국회에서 통과됨에 따라 전교조는 결성된 지 11년 만에 합법화되었다.

* 1989년 5월 28일 '전국교직원노동조합 결성식 개최' 참조

1973년 10월 15일

소양강 다목적댐 준공

1960년대에 접어들면서 서울을 포함한 한강 하류 지역의 용수 수요가 급증함에 따라 댐 개발의 필요성이 절실해졌다. 그래서 1966년에 한강유역 합동조사단이 구성되었다. 조사단은 한강유역 내의 수자원 종합개발을 위한 각종 조사를 거쳐 1968년에 소양강 다목적댐 건설계획을 포함한 4대강 유역 종합개발계획 시안을 수립하였다.

그 후 제2차 경제개발 5개년 계획의 일환으로 1967년 4월에 소양강 다목적댐 준비공사가 시작되었다.

소양강 댐은 경부고속도로, 서울지하철 1호선과 함께 박정희 대통령 시대의 3대 국책사업으로 꼽힌다. 본래 처음 도안은 콘크리트 중력식으로 설계되었다.

그러나 정주영 회장은 비용을 3분의 1로 낮추면서도 훨씬 튼튼한 사력식 공법을 제안했다. 이것이 박정희 대통령의 뜻과 맞아떨어져 현대건설이 공사를 수주하였다.

소양강 댐은 약 6년 6개월의 공사 끝에 1973년 10월 15일 준공되었다. 소양강 다목적댐은 극동에서 손꼽히는 저수능력을 갖춘 대규모 사력댐이다. 이 댐은 연간 3억 5,300만kW의 전력을 생산하여 수도권 및 중부지역에 공급하고 있다.

10월의 모든 역사

10월 16일

802년 10월 16일

합천 해인사가 창건되다

그때 마침 신라 애장왕의 왕후가 등창병이 났는데, 어떠한 약을 써도 듣지 않으므로 왕이 신하들을 여러 곳에 보내 고승의 도움을 구하였다. (……) 사신이 여우를 보고 신기하게 여겨 따라가니 두 스님이 참선을 하며 빛을 내고 있었다. 예를 갖추고 왕궁에 함께 가기를 청하였으나 두 스님은 허락하지 않았다. 사신이 병난 사연을 말하자, 스님은 실을 주면서 한쪽 끝을 궁전 앞 배나무에 묶고 다른 한쪽 끝을 아픈 곳에 대면 병이 나을 것이라고 가르쳐 주었다. 사신이 돌아가 왕께 여쭙고 그대로 시행하니 과연 배나무는 말라 죽고 병은 나았다. 왕은 감동하여 사람들을 시켜 절을 짓게 하고 2,500결을 시주하였다.

-『가야산해인사고적伽倻山海印寺古籍』

2005년 7월, 가야산에 자리 잡은 해인사는 학계로부터 뜨거운 관심을 받았다. 그동안 조선시대 불상으로 알려져 왔던 법보전의 비로자나불이 500년을 훌쩍 뛰어넘어 통일신라시대의 작품으로 밝혀졌기 때문이었다.

 해인사가 이 불상 표면에 금칠을 다시 하다가 복장에서 '中和三年癸卯此像夏節渁金着成(중화 3년 계묘년 여름에 이 불상에 금칠을 해 완성했다)'이라는 묵서를 발견하였던 것이다. '중화 3년'은 헌강왕 9년으로 883년에 해당된다. 묵서가 가짜가 아닌 한 비로자나불은 현존하는 국내 목조불상 중 가장 오래된 것이라는 증거였다. 『팔만대장경』만으로도 법보사찰의 위치를 다지고 있는 해인사로서는 그 영광이 배가 되는 셈이었다.

 불보佛寶사찰 통도사, 승보僧寶사찰 송광사와 더불어 법보法寶사찰 해인사는 한국의 삼보사찰三寶寺刹로 꼽히는 대단히 유서 깊은 사찰이다. 비로자나불의 존재가 말해주듯, 해인사는 화엄종의 근본 도량으로 신라 후기에 이른바 '화엄십찰'의 하나로 세워졌다.

 '해인사海印寺'라는 이름은 『화엄경』에 등장하는 '해인삼매海印三昧'에서 비롯되었다. 이는 바람이 없는 고요한 바다에는 세상 모든 것이 도장을 찍듯 선명하게 비치는 것처럼 마음에서 번뇌를 떨쳐 버리면 세상이 뚜렷하게 보인다는 뜻이다.

 이런 정신을 담아 해인사는 애장왕 3년(802) 10월 16일에 순응과 그 제자인 이정에 의해 지금의 대적광전大寂光殿 자리에서 창건되었다. 해인사의 창건과 관련해서 두 가지의 기록이 그 내용을 상세하게 전하고 있다.

 먼저 최치원의 『신라가야산해인사선안주원벽기新羅伽倻山海印寺善安住院壁記』에 따르면 신림의 제자 순응은 766년에 중국으로 불법을 구하러 떠났다가 수년 후 귀국하였다. 그는 가야산에서 정진하다가 해인사를 창건하기 시작하였다. 이 소식을 들은 소성왕의 어머니 성목태후는 음식과 예물을 하사하여 공사를 도왔는데, 갑자기 순응이 죽자 이정이 뒤를 이어 절을 완성시켰다는 것이다.

다른 기록으로 고려 태조 때의 『가야산해인사고적』이 있다. 이에 따르면 순응과 이정이 중국에 건너갔을 때 이미 250년 전에 죽은 양나라의 보지공이 나타났다. 그는 우두산 서쪽에 해인사를 세우라는 가르침을 주었다. 이에 두 승려는 귀국하여 지금의 대적광전 자리에서 참선에 들어갔다. 이때 애장왕의 왕후에게 등창이 생겼으나 두 승려의 가르침을 받아 병을 고쳤다는 내용이다.

그러나 『가야산해인사고적』의 내용은 사실이라기보다는 창건을 신비화하기 위한 후세 사람들의 심리가 다분히 반영된 것으로 보인다. 805년에 박 씨를 왕후로 삼았다는 『삼국사기』의 기록대로라면 802년에 두 승려가 왕후를 치료했다는 것은 사실과는 많이 다르기 때문이다. 한마디로 설화적인 윤색이 가해진 것이다.

그러나 두 기록을 버무려 보면 순응과 이정 두 승려가 해인사를 창건한 것은 분명하다. 아울러 어떤 식으로든 왕실의 전폭적인 후원을 받아 창건이 이루어진 것도 틀림없다.

그 후 절의 이름이 헛되지 않게 널리 화엄사상을 전파해 온 해인사는 신라 말 희랑이 왕건을 도와 고려의 창업에 일조한 것을 계기로 사세가 급격히 확장되었다. 왕건은 희랑의 공로를 치하하여 전지 500결을 내리고 사찰을 중창하게 하였다.

조선시대에 들어와서는 1398년 강화도 선원사에 있던 팔만대장경판을 이곳으로 옮겨 호국신앙의 요람이자 법보사찰로 그 위치를 굳히게

되었다. 해인사는 임진왜란 속에서도 전쟁의 화는 면했지만 여러 차례에 걸쳐 화재를 겪었다. 하지만 『팔만대장경』을 보관한 장경판전만은 불에 타지 않고 지금껏 온전히 보전되었다.

현재 우리나라 불교계는 대한불교 조계종이 주축을 이루고 있다. 그 핵심에 유명한 5대 총림이 있다. 이른바 조계총림 송광사, 덕숭총림 수덕사, 영축총림 통도사, 고불총림 백양사, 그리고 해인총림 해인사가 그것이다.

총림이란 '많은 스님들이 한 곳에 화합하여 마치 나무들이 숲을 이룬 것과 같다.'는 의미로 강원講院, 선원禪院, 율원律院이 모두 갖추어져야만 한다. 우리가 자주 듣는 방장方丈은 총림의 최고책임자를 말한다. "산은 산이요 물은 물이로다."라는 법어로 유명한 성철이 바로 해인사의 방장이었다.

* 1398년 5월 10일 '해인사 대장경판, 경상남도 합천 해인사로 이관' 참조

1979년 10월 16일

부마 민주 항쟁 발생

1979년 5월 3일 신민당 전당대회에서 '민주회복'을 외친 김영삼이 총재로 당선된 후 정국은 더욱 경색되었다. 이어 8월에 YH 사건, 9월에 김영삼에 대한 총재직 정지 가처분 결정, 10월에 김영삼의 의원직 박탈 등 일련의 사건이 발생하면서 유신 체제에 대한 야당과 국민의 불만이 크게 고조되었다.

게다가 이 일로 10월 13일 신민당 의원 66명이 전원 사퇴서를 제출하였다. 그러나 공화당과 유정회 합동조정회의에서 '사퇴서 선별수리론'이 제기되어 부산 및 마산 출신 국회의원들과 그 지역의 민심을 크게 자극하였다.

10월 15일에는 부산대학교에서 민주선언문이 배포되었다. 그리고 다음 날인 10월 16일 5,000여 명의 학생들이 교문 밖으로 뛰쳐나와 경찰과 충돌하였다. 중앙동 옛 시청 앞에서 시민들이 합세하여 대규모 반정부 시위가 전개되었다. 이른바 '부마 민주 항쟁'의 시작이었다.

시위대는 10월 16일과 17일 이틀 동안 정치탄압 중단과 유신정권 타도 등을 외치며 파출소·경찰서·도청·세무서·방송국 등을 파괴하였다. 이후 경남대학교 학생들의 주도 하에 마산 및 창원 지역으로 시위가 확산되었다.

이에 정부는 10월 18일 0시를 기해 부산 지역에 비상계엄령을 선포하고 1,058명을 연행하였다. 그리고 이 중 66명을 군사재판에 회부하였다. 10월 20일 정오에는 마산 및 창원 일원에 위수령衛戍令을 발동하고 군대를 동원하여 505명을 연행하고 59명을 군사재판에 회부하였다.

이렇게 하여 비록 시위는 진정되었으나, 이는 박정희의 죽음과 유신체제의 종말을 앞당기는 결과를 초래하였다.

* 1979년 8월 11일 '경찰, YH 무역 농성 여공 172명을 강제 해산하다' 참조
* 1979년 10월 4일 '김영삼 신민당 총재, 국회의원직에서 제명당하다' 참조
* 1979년 10월 26일 '박정희 대통령, 김재규의 총탄에 사망하다' 참조

2009년 10월 16일

인천대교 완공

인천대교는 인천시 중구 운서동 영종 나들목과 연수구 송도동 연수 분기점을 연결하는 다리이다. 또한 제2 경인고속도로를 구성하는 고속도로 교량이기도 하다.

2005년에 착공하여 2009년 10월 16일에 완공되었으며 사흘 후인 10월 19일부터 차량 통행이 시작되었다. 총 길이 21.38km에 교량 구간이 18.35km이다. 이는 세계 7위, 우리나라 1위의 규모를 자랑한다.

인천대교는 각종 신공법을 사용하여 지은 교량들로 구성되어 있다. 교량을 보호하기 위하여 사장교 구간과 접속교 일부 구간에 최대 10만 t급 화물선이 10노트의 속력으로 충돌하더라도 견딜 수 있는 선박충돌방지공이 설치되어 있다.

각종 최첨단 기술이 집약된 인천대교는 영국의 한 건설전문지에서 경이로운 세계 10대 다리로 선정하였을 만큼 규모와 외관 면에서도 뛰어나다.

10월 17일

1972년 10월 17일

박정희 대통령, 10월 유신을 단행하다

이제 일대 개혁의 불가피성을 염두에 두고 우리의 정치 현실을 직시할 때, 나는 정상적인 방법으로는 도저히 이 같은 개혁이 이루어질 수 없다는 판단을 내리게 되었습니다. 오히려 정상적인 방법으로 개혁을 시도한다면 혼란만 더욱 심해질 뿐, 남북 대화를 뒷받침하고 급변하는 주변 정세에 대응해 나가는 데 아무런 도움이 될 수 없다고 믿었기 때문입니다.

따라서 나는 국민적 정당성을 대표하는 대통령으로서 나에게 부여된 역사적 사명에 충실하기 위해 부득이하게 정상적 방법이 아닌 비상조치로써 남북 대화의 적극적인 전개와 주변 정세의 급변에 대처하기 위한 우리 실정에 가장 알맞은 체제 개혁을 단행하여야겠다는 결심을 하기에 이르렀습니다.

-박정희, 10·17 대통령 특별 선언

1961년 5·16 군사정변으로 정권을 잡은 박정희는 1967년 대통령에 재선되었다. 제3공화국 헌법에 의하면 대통령직을 1차에 한하여 중임할 수가 있었다. 그러나 박정희는 1969년 3선 개헌을 통하여 자신이 다시 대통령이 될 수 있는 기반을 마련하였다.

1971년 대통령 선거에서 박정희는 "여러분께 다시는 나를 찍어 달라고 하지 않겠다."고 말하며 마지막으로 한 번 더 기회를 달라고 하였다. 이에 상대 후보였던 김대중은 박정희가 헌법을 고쳐 선거가 필요 없는 총통이 되려 한다고 주장하였다.

김대중을 가까스로 누르고 당선된 박정희는 1972년 10월 17일에 '대통령 특별선언'을 발표하여 국회를 해산하고 정당 및 정치활동의 중지 등 헌법의 일부 기능을 정지시켰다. 또한 전국에 비상계엄령을 선포하였다. 그러면서 그는 급변하는 국제정세에 능동적으로 대처하고 남북대화를 적극적으로 전개하려면 '일대 유신적 개혁'이 필요하다고 주장하였다.

이에 따라 계엄사령부가 설치되고 계엄사령부는 포고를 통하여 정치활동 목적의 옥내·외 집회 및 시위를 모두 금지하였다. 언론, 출판, 보도 및 방송은 사전 검열을 받도록 하며 각 대학은 당분간 휴교 조치하였다.

또한 특별선언에 따라 국회의 권한을 대행하게 된 비상국무회의는 10월 27일 유신헌법을 의결·공고하였다.

개헌안의 주요 내용은 박정희의 종신집권을 위한 '일정표'나 마찬가지였다. 통일주체국민회의를 신설해서 대의원들이 대통령을 간접적으로 선출하게 하는 제도는 직선제를 폐지하자는 것이었다.

그리고 대통령이 국회 의석의 3분의 1을 지명할 권리를 갖게 함으로써 집권당이 국회에서 '일당 독재'를 할 수 있는 기반을 마련하였다. 대통령은 국회해산권을 갖는가 하면 긴급 조치권을 무제한적으로 행사할 수 있었다. 나치 독일의 히틀러나 파시스트 이탈리아의 무솔리니도 감탄할 만한 전체주의 체제가 20세기 후반의 우리나라에 등장한 것이었다.

이 헌법안은 11월 21일 국민투표에 부쳐졌다. 그리고 투표율 91.9%, 찬성 91.5%로서 확정·공표되었다. 대학의 휴교 조치는 11월 28일에 해제되었으며, 12월 14일 0시를 기하여 계엄령이 해제됨으로써 다른 금지 조치도 모두 해제되었다.

이어 통일주체국민회의 대의원 선거가 12월 15일에 실시되어 1,630개 선거구에서 2,359명의 대의원이 선출되었다. 그들은 첫 집회와 개회식, 제1차 회의를 갖고 임기 6년의 제8대 대통령에 박정희를 다시 선출하며 제4공화국의 출범을 알렸다.

박정희 정권과 이에 동조하는 학자들은 유신 체제를 능률적이고 낭비 없는, 생산에 직결되는 정치제도로 육성·발전시켜 나가야 한다며 이를 '한국적 민주주의'라고 주장하였다.

그러나 '한국적 민주주의'는 민주주의라고 할 수 없으며, 이것을 민주주의라고 하는 것 자체가 북한의 김일성 부자가 내세우는 '인민 민주주의'와 마찬가지로 민주주의를 사칭한 파시즘 독재에 지나지 않는다고 주장하는 세력도 있었다.

이들은 대통령이 행정·입법·사법부를 모두 장악하면서 사실상 삼권분립이 무너졌고, 무제한 연임 허용으로 종신집권이 가능해졌다고 역설하였다. 또한 전국의 모든 법관을 의회의 동의 없이 대통령이 직접 임명하면서 사법부가 권력의 하수로 전락하였고, 대통령 선거권을 빼앗고 긴급 조치를 이용해서 유신헌법을 비판하는 것조차 금지하고 처벌하는 등, 국민의 기본권을 크게 침해했음을 근거로 제시하였다.

그러나 1979년 10월 26일 밤, 박정희가 궁정동 안가에서 김재규의 총탄을 맞아 비명횡사하면서 7년 동안 계속된 '유신 시대'의 망령은 막을 내렸다.

* 1961년 5월 16일 '5·16 군사 쿠데타가 일어나다' 참조
* 1975년 2월 12일 '유신 헌법 찬반 투표' 참조
* 1979년 10월 26일 '박정희 대통령, 김재규의 총탄에 사망하다' 참조

1935년 10월 17일

조선일보사, 『조광』 창간

1935년 10월 17일 조선일보사에서 월간지 『조광』을 창간하여 문예 영역에 대한 관심을 확대시키는 역할을 하였다.

발행인은 방응모, 편집인은 함대훈·김내성이었다. 이광수, 최현배, 채만식, 주요섭, 윤석중 등이 주요 필진으로 참여하였다. 400면 내외의 국판이었다. 창간호 초판이 무려 1주일 만에 매진될 정도로 인기가 많았다.

이 잡지에서는 시사, 경제, 사회문제 등을 주로 다루었다. 문화 면에도 비중을 두어 시, 소설 등 많은 문학작품을 게재하였다. 신석정의 「푸른 하늘」, 김동명의 「파초」, 주요섭의 「사랑방 손님과 어머니」, 김유정의 「봄봄」 「동백꽃」, 이상의 「날개」 등이 모두 『조광』에 발표된 작품들이었다.

그 밖에도 스포츠, 음악, 영화, 요리, 의학 분야의 글도 실렸다. 일제의 탄압이 가중되자 1941년부터는 일문日文이 섞이기 시작하였고, 논조도 친일적인 방향으로 기울었다.

1940년 8월 「조선일보」가 폐간당하자 조광사로 독립하여 발행하였다. 1944년 12월 1일 통권 110호로 종간되었다가 1946년 3월 복간되었다. 그 뒤 1948년 12월 통권 3호로 완전히 종간되었다.

* 1940년 8월 10일 '「동아일보」「조선일보」, 일제에 의해 강제 폐간당하다' 참조

1973년 10월 17일

제1차 오일쇼크 발생

1973년 10월 6일 시리아가 이스라엘을 침공하면서 제4차 중동전쟁이 시작되었다. 그리고 10일 후인 10월 17일 페르시아 만의 6개 산유국들이 석유수출국기구OPEC 회의에서 일제히 유가 인상과 감산에 돌입하였다. 중동전쟁에서 석유를 정치적인 무기로 사용할 것을 선언한 것이었다. 제1차 오일쇼크의 시작이었다.

이로 인해 배럴당 2.9달러였던 원유의 고시 가격은 4달러를 돌파하였다. 1974년 1월에는 11.6달러까지 올라 2~3개월 만에 무려 4배나 폭등하였다.

이 파동으로 1974년 주요 선진국들은 두 자릿수 물가 상승과 마이너스 성장이 겹치는 전형적인 스태그플레이션을 겪어야 했다. 각국 정부

는 다수의 업종에 대한 전력·석유 공급 삭감, 민간인에 대한 에너지 절감 요청 등의 조치를 취하였다.

우리나라의 경우, 1973년 3.5%였던 물가상승률은 이듬해 24.8%로 수직상승하였고, 성장률은 12.3%에서 7.4%로 떨어졌다. 무역수지 적자폭도 크게 확대되었다.

산업구조가 경공업에서 에너지 수요가 많은 중화학공업으로 전환되는 시점이었기 때문에 유가 상승의 충격은 더 컸다. 1975년에 이르러 성장률은 6.5%로 더 떨어졌고, 물가는 24.7%의 고공비행을 이어갔다.

2년이 지난 1976년이 되어서야 비로소 경제는 안정을 되찾았다.

* 1978년 12월 26일 '제2차 오일쇼크 발생' 참조

1978년 10월 17일

북한 제3땅굴 발견

1978년 10월 17일 판문점 남쪽 4km 지점에서 제3땅굴이 발견되었다. 제3땅굴은 1975년 3월에 발견된 제2땅굴과 거의 같은 규모로 너비 2m, 높이 2m, 깊이 지하 73m, 길이 약 1.6km에 달하는 암석층 굴진 아치형 구조물이었다. 1시간에 3만 명의 병력과 야포 등 중화기를 통과시킬 수 있는 규모였다.

제3땅굴은 제1, 2땅굴보다 훨씬 위협적이었다. 왜냐하면 위치가 임진각에서 서북쪽으로 4km, 통일촌 민가에서 3.5km밖에 안 되는 곳이라서 서울과 매우 가까웠기 때문이다.

1974년 11월에 발견된 제1땅굴인 고랑포 땅굴 이후 세 번째로 발견된 이 땅굴은 중무장 병력이 3~4열로 통과할 수 있을 만큼 넓었다. 탐사반은 차단터널을 뚫기 전 시추파이프를 박아 땅굴을 탐색했고, 땅굴 내부에는 물이 많이 고여 있었다.

군은 1974년 9월 귀순한 김부성의 제보로 탐사작업을 펼쳐왔다. 이 땅굴 발견은 북한군이 수도권을 노렸다는 사실과 한때 중단했던 땅굴 파기를 다시 시작했다는 점에서 중요한 의미가 있었다.

* 1974년 11월 5일 '북한 제1땅굴 발견' 참조
* 1975년 3월 19일 '제2의 땅굴, 휴전선 부근에서 발견' 참조

10월 18일

2007년 10월 18일

명성황후가 시해당한 건청궁이 복원되다

"과거 국민소득 1,000달러 시대에 복원했던 건물들은 너무 조악해 거의 뜯어고쳐야 할 지경이 되었습니다. 하나를 짓더라도 제대로 짓겠다는 각오로 복원해 건청궁은 21세기 들어 가장 잘 지은 한옥으로 꼽힐 것입니다."

-유홍준, 당시 문화재청장

건청궁은 1873년 고종이 조선왕조 역대 임금의 어진御眞,(초상화) 등을 보관할 목적으로 지은 건물이었다. 고종이 사비를 털어 지은 곳으로 아버지인 흥선 대원군의 영향력에서 벗어나고자 하는 의지를 담은 곳이기도 하였다.

고종과 명성황후가 기거하던 곳이기도 하였으나 주로 고종의 집무실로 사용되었다. 이곳은 1895년 10월 8일에 일본인들이 명성황후를 시해한 장소이기도 하다.

건청궁은 경복궁에서도 향원정 뒷쪽의 가장 후미진 곳에 위치하고 있어서 후원으로 불린다. 다른 궁궐과 달리 단청이 없는 것이 특징이다.

건청궁은 안채와 사랑채로 구분되어 양반들의 집과 같은 구조이지만 크기가 무려 250칸에 달한다. 왕의 거처인 장안당長安堂, 왕비 거처인 곤녕합坤寧閤, 상궁들의 처소와 곳간 등이 있던 복수당福綏堂 등으로 구성되어 있다. 장안당은 에디슨 전기회사가 발전기를 설치해 우리나라 최초로 전등을 밝힌 곳이기도 하다.

고종은 1891년에 창덕궁 함녕전의 집옥재와 협길당 등을 건청궁 서쪽으로 옮겨 와서 서재 및 사신 접견 장소로 사용하였다.

하지만 건청궁은 1896년 고종이 아관 파천을 단행하면서 기능을 상실하였고, 1909년에 일본인들에 의해 헐리고 말았다. 건청궁 자리에는 조선총독부 미술관이 지어졌고, 이후 국립현대미술관으로 사용되다가 1998년에 철거되었다.

문화재청은 2004년부터 이 건청궁을 복원하기 위해 노력해 왔다. 그리고 드디어 2007년 10월 18일 건청궁 복원을 마치고 개문식을 열었다. 건청궁 복원에는 총 100억 원의 예산이 투입되었다.

건청궁 내부에는 고종과 명성황후가 특히 좋아했다는 감나무 2그루가 심어졌다. 또 신한은행에서 기증한 매화나무도 심어졌다.

* 1895년 10월 8일 '일본의 낭인들, 명성황후를 시해하다' 참조
* 1896년 2월 11일 '고종과 왕세자, 아관 파천 단행' 참조

1988년 10월 18일

노태우 대통령, 유엔 총회에서 7·7 선언을 설명하는 연설을 하다

1988년 7월 7일 노태우 대통령은 북한과 동반자 관계를 유지하며 통일을 이루기 위해 노력하겠다는 취지의 '민족 자존과 통일 번영을 위한 대통령 특별 선언(7·7 선언)'을 발표하였다. 이는 남북 회담과 남북 경제 교류의 계기가 된 중요한 선언이었다.

그해 10월 18일 노태우 대통령은 제43차 유엔총회에서 7·7 선언의 주요 내용을 설명하는 기조연설을 하였다.

'한반도에 화해와 통일을 여는 길'이라는 제목의 이 연설은 다음과 같은 내용을 담고 있었다.

1. 한반도에서 긴장 완화와 평화를 위해 노력
2. 모든 대결 관계 지양止揚
3. 한반도의 번영을 위한 협력의 동반자 촉구
4. 민족 전체 번영을 위한 상호 교류와 자유 왕래 제의

5. 휴전선 내 비무장지대 내 평화시 건설
  6. 한국의 우방들이 북한과의 관계 증진 및 개방에 기여 촉구
  7. 김일성 주석과 남북 정상회담
  8. 한반도 평화 정착을 위한 군비 축소와 불가침 선언 논의

 이 연설에서 노태우는 특히 우리의 전향적인 평화통일정책을 강조하였다.
 이로써 우리나라는 1988년 서울 올림픽을 성공적으로 개최하면서 높아진 국제적 위상을 바탕으로 유엔 내에서의 지위를 더욱 확고히 하였다. 그리고 이 연설은 1991년 남북한이 동시에 유엔 가입을 할 수 있는 기반을 마련하였다.

* 1988년 7월 7일 '노태우 대통령, 7 · 7 선언 발표' 참조
* 1991년 9월 17일 '남북한 UN 동시 가입' 참조

1985년 10월 18일

서울 지하철 3, 4호선 준공

 서울 지하철 2호선 순환선 계획 이후 엄청난 재정적 압박에 시달리던 서울시와 중앙정부를 대신하여 1979년 대우건설이 3, 4호선을 건설 · 운영한다고 발표하였다.
 이후 대우뿐만 아니라 울산을 비롯하여 지하철 건설 경험이 있는 대부분의 건설업체가 대우와 컨소시엄을 구성하여 1980년 1월 26일 서

울시 지하철 건설 주식회사를 발족하였다. 이에 정부는 2,800억 원을 장기융자해 주며 차관도입을 허용하는 등의 정책을 발표하여 이들을 지원하였다.

그러나 2호선의 건설비가 착공 당시 예상되었던 4,600억 원의 두 배 가까이 되는 8,771억 원이 들었을 정도로 지하철 공사는 막대한 재원을 요구하는 사업이었다.

또한 1978년에 있었던 대기업과 재벌의 부동산 소유 제한을 골자로 하는 8·8 조치로 인하여 이들은 일본식 사철처럼 철도 주변의 공간을 완벽히 자의적으로 통제할 수 없는 상황이었다.

이러한 상황을 모르고 공사물량만을 위해 뛰어들었던 건설회사들은 상황을 인식하자 투자를 망설였다. 결국 1980년에 목표로 했던 출자금 300억 원 가운데 92억 원만이 모이는 상황이 벌어졌다.

게다가 연말에는 시공사들 사이에서 지하철 운임이 주된 수입인 상황에서는 투자금을 회수하는 것이 거의 불가능하다고 여겨져 서울시 지하철 건설 주식회사에서 앞다투어 탈퇴하기에 이르렀다.

결국 1981년 8월 12일에는 이 회사가 해산되고 서울특별시 지하철 공사가 설립되었다. 지하철 공사는 3호선 구파발~양재 구간과 4호선 상계~사당 구간의 시공과 운영 및 기존 1호선, 2호선의 운영을 맡게 되었다. 이렇게 해서 두 노선은 1985년 10월 18일에 개통되었다.

이 사태 이후 지하철 공영제는 우리나라 도시철도의 원칙이 되었다.

10월 19일

1948년 10월 19일

'여수 · 순천 사건'이 일어나다

"인사계 선임하사관 지 상사이다. 지금 긴급정보에 의하면 여수 경찰이 평소 우리와의 사소한 충돌로 반감을 품고 전 일본해군을 동원하여 여수에 상륙하여 우리 연대를 포위 공격하려 한다는 것이다. 우리는 제주도 출동에 앞서 이들 악질 반동 경찰과 일본군을 타도해야 한다. 나아가서 우리는 동족상잔의 제주도 출동에 반대한다. 우리는 남북통일의 정부를 진정으로 원한다. 지금 북조선의 인민군도 남조선 해방과 일본군 격퇴를 위해 38선을 넘어 남진 중이라는 소식이다. 우리도 이제 인민해방군으로서 반동경찰과 일본군을 쳐부수고 지금부터 북상하는 인민해방군대로서 행동을 한다. 모두 나의 뒤를 따르라!"

-지창수

1948년 대한민국 정부가 수립되기 전, 제주도에서는 남한 단독정부 구성에 거세게 반대하는 '4·3 항쟁'이 일어났다. 항쟁이 장기화되자 이승만 정부는 제주도에 계엄령을 선포하고 대토벌 작전에 들어갔다. 이를 위해 여수에 주둔하고 있던 14연대에 1개 대대를 출동시키라는 명령을 내렸다.

그러자 중위 김지회와 상사 지창수 등 남로당 소속의 군인들은 큰 고민에 빠졌다. 그렇지 않아도 그동안 소위 '빨갱이 사냥'이 진행되어 잔뜩 동요되어 있던 참이었기 때문이다.

이들 좌익 계열의 군인들은 세 가지 선택지를 놓고 고민하였다. 첫 번째는 이대로 배를 몰아 북한으로 넘어가는 것, 두 번째는 선상에서 반란을 일으켜 제주도를 거점으로 투쟁하는 것, 세 번째는 여수에 남아 봉기하는 것이었다. 결국 세 번째 안이 결정되었다.

10월 19일 오전 핵심 장병 40여 명은 재빨리 탄약고 등을 점령하고 비상나팔을 울려 장병들을 연병장에 집결시켰다. 지창수는 앞에 나서서 병사들을 선동하였다.

이렇게 불이 붙은 14연대는 다음 날인 10월 20일 새벽 여수 시내로 진출하여 삽시간에 전역을 장악하고 우익계 인사와 평소 사이가 좋지 않던 경찰관들을 닥치는 대로 사살하였다. 연대장 박승훈은 부관의 긴급 연락을 받고 현장으로 달려갔다. 그러나 이미 수습이 불가능하다고 보고 목포로 피신하였다.

'여수·순천 사건'은 노조원들이나 남로당원, 그리고 학생들까지 가담하여 더욱 규모가 커졌다. 물론 이들에게 사전 계획은 전혀 없었다. 다만 반란군이 시내에 들어오고 나서야 분위기를 파악하고 호응했을 뿐이다.

반란군은 곧 자치조직인 인민위원회를 조직하고 시내 곳곳에 인민공화국기를 내걸었다. 이날 오후 중앙동 광장에서는 3만 명의 여수 시민이 참석한 가운데 인민대회가 열려 다음과 같은 사항을 결의하였다.

1. 인민위원회의 여수 행정기구 접수 인정
2. 친일파 · 민족반역자 · 경찰관 등의 철저한 소탕
3. 무상몰수, 무상분배의 토지개혁 실시
4. 대한민국의 분쇄 맹세

그리하여 이튿날 악질 경찰을 체포하거나 친일부역자의 재산을 몰수하고, 한편으로 창고를 개방하여 시민들에게 쌀 등을 나누어주었다.

반란군이 여수를 점령한 후 여세를 몰아 순천으로 북상하자, 그곳에 주둔 중이던 14연대의 2개 중대도 가세해 경찰의 저항을 간단히 뚫고 순천도 수중에 넣었다. 이곳에서도 친일파들은 성난 민중들의 손에 의해 처단되었다. 여기서 반란군은 3개 부대로 재편성되어 구례와 광양, 벌교 방면으로 진출하였다.

이에 정부는 10월 21일 송호성 준장을 토벌군 사령관으로 임명하고 광주에 사령부를 설치했다. 그리고 마침내 10월 23일에 토벌군은 순천을 회복했다. 하지만 그 보복극은 차마 눈뜨고 볼 수가 없었다.

여수 탈환 작전은 10월 26일에 시작되었다. 육 · 해 · 공 3군이 대대적으로 투입되었지만 반군은 이미 지리산 쪽으로 거의 빠져나간 뒤였다. 그러나 여수로 오는 도중 반군의 습격을 받아 수백 명이 사망해 바싹 독이 올랐던 토벌군은 그 잔당과 지지자들을 쓸어버린다며 여수 시가지를 잿더미로 만들었다.

이들이 부역자를 색출한다며 투서나 고발을 받자 개인 원한에 의한 생사람 잡기가 난무하였다. 한 달 이상 이런 부역자 색출 과정이 진행되자 여수는 공포와 살기만이 흐르는 살벌한 도시가 되었다.

사건은 진압되었지만 피해는 엄청났다. 토벌군은 141명 사망, 263명 실종, 반군은 821명 사망, 2,680명이 체포되었다. 여기에다 수천 명의 민간인이 희생되어 시청과 경찰서, 운동장 등에는 시체들이 아무렇게나 뒹굴었다.

이 때문에 역사학자인 김득중은 '여수·순천 사건'에 대해 이렇게 말하였다.

"민간인 학살 측면에서 조명해 보면, 2년 후에 벌어진 한국전쟁의 전주곡이자 리허설이었다."

이후 정부는 군부 내의 좌익을 척결하기 위해 대대적인 숙청에 들어갔다. 한편 지리산으로 도주한 반란 세력은 이때부터 장기적인 빨치산 투쟁에 들어갔다.

* 1948년 4월 3일 '제주도에서 4·3 사건이 발생하다' 참조
* 1953년 9월 18일 '빨치산 이현상, 지리산에서 사살되다' 참조

1950년 10월 19일

국군 제1사단, 평양 탈환

1950년 10월 19일 국군 제1사단이 미군보다 한발 앞서 평양을 탈환하였다. 우리나라 국민들에게 평양은 '잃어버린 국토'의 상징이었기 때문에 평양을 직접 탈환한 것은 매우 중요한 정치적 의미가 있었다.

유엔군의 평양 진격은 맥아더 총사령관의 구상에 의해 미 8군과 10군단이 독립적인 작전을 수행하는 방식으로 이루어졌다. 맥아더는 미 8군의 선봉인 1군단에 평양 정면으로의 진격을 맡기고, 국군 2군단에는 철원-원산으로의 진격을, 국군 1군단에는 강릉-원산으로의 진격을 명령하였다.

미 10군단은 맥아더 사령관의 직접 지휘 하에 해상으로 이동해 원산항 상륙 작전을 전개하였다. 북진을 담당한 유엔군의 병력이 부족한 편이었지만 인천 상륙 작전으로 인해 북한군 주력 부대가 궤멸상태에 빠져 있던 덕분에 진격은 비교적 순조로웠다.

북한은 낙동강 전선의 14개 사단을 구하지 못한 채 남아 있는 모든 예비병력을 수도 방어에 투입하였다. 그리고 김일성은 인천 상륙 작전 후에 새롭게 6개 사단을 편성하고, 소련으로부터 긴급 지원되는 장비들로 무장시켜 유엔군의 북진을 막아보고자 하였다.

그러나 편성된 지 불과 2~3주밖에 안 된 사단에게 전투력을 기대하는 것은 무리였다. 평양을 방어하기 위해 평양방어사령부가 구성되었으나 평양 자체 방어에 투입할 수 있는 인원은 1만 명을 넘지 못하였다.

백선엽 소장이 이끄는 국군 1사단은 미 70전차대대의 지원을 받으며

10월 11일에 북진 작전을 개시하였다. 병사들은 포병 지원을 받으면서 전차에 나눠 타고 마주치는 적들을 격멸하였다. 선두부대를 뒤따르는 부대의 장병들은 급속행군으로 전투화에 핏물이 고일 지경이었음에도 승리감에 고무되어 피로를 잊었다.

사기가 하늘을 찌를 듯한 상태에서 1사단은 보병사단 최대의 행군속도를 기록했다. 북한군 27사단과 여타의 패잔부대들이 간간이 저항했지만 1사단은 그들을 압도하였다. 가는 곳마다 태극기를 흔드는 주민들의 환영은 부대의 사기를 고무시키는 또 하나의 힘이었다.

백 사단장을 포함해 많은 병력들이 평양과 대동강 주변의 지형에 대해 소상히 알고 있었던 것도 1사단이 미군보다 일찍 평양에 입성할 수 있는 조건이 되었다. 1사단 12연대는 대동강 동남방의 미림비행장을 점령하는 한편 15연대는 강동 부근의 대동강 상류에서 도섭 가능 지점을 찾아 쉽게 평양 시가지로 접근할 수 있었다.

10월 19일 미 1기병사단과 국군 1사단 간에 평양 선착 입성 경쟁이 발생했으나 승자는 국군 1사단이었다.

국군 1사단의 평양 탈환 작전은 군사작전에 있어서 사기의 위력을 여실히 보여 주었다.

* 1950년 9월 15일 '유엔군, 인천 상륙 작전을 개시하다' 참조

1933년 10월 19일

조선어학회, 한글 맞춤법 통일안 마련

이 통일안을 완성하기까지 3개년의 시일을 거치고, 125회의 회의가 있었으며, 그 소요시간이 실로 433시간이란 적지 아니한 시간이 걸렸으니, 과연 문자 정리란 그리 용이한 일이 아님을 알겠다. 우리는 이렇듯 가장 엄정한 태도와 가장 신중한 처리로써 끝까지 최선의 노력을 다하여 이제 이 통일안을 만들어서 우리 민중의 앞에 내어 놓기를 주저하지 아니하는 바이다.

-한글 맞춤법 통일안 머리말

1933년 10월 19일 조선어학회가 한글 맞춤법 통일안을 확정하였다. 이는 우리말의 맞춤법에 대한 규칙을 체계적으로 세운 것으로서 총론·각론·부록으로 구성되어 있으며, 모두 65항으로 되어 있다.

앞서 1930년 12월 13일 조선어학회 총회의 결의에 따라 한글 맞춤법 통일안 제정 위원을 뽑고, 제정 및 수정 검토 작업 끝에 1933년 한글 반포 487돌을 기념하여 이를 발표하였다. 그리고 그해 10월 29일에 『조선어 철자법 통일안』이라는 책으로 발간되었다.

제정위원으로 권덕규·김윤경·박현식·신명균·이극로·이병기·이희승·이윤재·장지영·정열모·정인섭·최현배 등이 선정되어 2년간 심의하여 원안을 만들었다. 그리고 개성에서 원안을 심의하여 제1독회讀會를 마치고, 수정위원을 선임해 이들이 만든 수정안을 바탕으로 1933년 정리위원 9명이 최종안을 확정하였다.

통일안이 마련되던 당시의 실질적인 개혁내용은 아래아를 폐기한 것과 된소리 표기법을 'ㄲ, ㄸ, ㅃ, ㅆ, ㅉ'로 통일한 것이었다.

한글 맞춤법 통일안은 그 후 계속 부분적으로 수정되었다. 1937년 용어와 예문을 새 표준어로 바꾸었고, 1940년 사역접미사 '후'를 '추'로 고쳤으며 '사이시옷'을 쓰기로 했다. 1948년 전문이 한글판으로 다시 나왔고 1958년 문법용어를 문교부 제정 용어로 바꾸었다.

1979년에는 전면적인 재검토를 거쳐 문교부에서 1988년 1월 14일 개정안인 '한글맞춤법'이 '표준어규정'과 함께 문교부 고시 제88-1호로 발표되었다.

이때 사전에 올릴 때의 자모순을 정하고, 두음법칙의 규정을 자세하게 정했으며, 어미의 형태, 부사화 접미사, 준말, 띄어쓰기 등의 미비점을 보완하고 구체적인 규정을 덧붙였다.

* 1921년 12월 3일 '조선어 연구회 창립' 참조
* 1942년 10월 1일 '조선어학회 사건이 발생하다' 참조

1963년 10월 19일

이득주 중령 가족 몰살 사건 발생

1963년 10월 19일 새벽 강원도 인제군 남면에 있는 이득주 중령의 집에 한 탈영병이 침입하여 흉기를 마구 휘둘렀다.

이로 인해 이 중령 부부와 두 자녀, 그리고 가정부 등 5명이 모두 도끼에 찍혀 무참히 살해되었다. 큰아버지 집에서 학교를 다니고 있었던 이

중령의 장남만이 화를 면하였다.

군과 경찰은 즉각 합동수사본부를 설치하였다. 합동수사본부는 이 중령 집에서 잃어버린 다이아몬드가 홍천읍의 한 보석상에서 발견된 것을 근거로 추적에 들어갔다.

그 결과, 범인이 고재봉인 것을 확인하고 수사망을 전국으로 확대하였다. 고재봉은 서울로 달아났으나 11월 12일 한 땅콩장수의 신고로 서울에서 검거되었다.

고재봉은 전임 연대장 때문에 도둑 누명을 쓰고 육군교도소에 투옥된 데 불만을 품고 범행을 저질렀다고 진술하였다. 그러나 이득주 중령은 새로 부임하였기 때문에 고재봉과는 일면식도 없는 사이였다. 모든 사건이 고재봉의 착각으로 벌어진 일이었던 것이다.

고재봉은 12월 12일 사형을 구형받고 형장의 이슬로 사라졌다.

1987년 10월 19일

문공부, 출판 활성화 조치 발표

'6·29 민주화 선언'의 후속 절차로 정부는 1987년 10월 19일 '출판 활성화 조치'를 발표하였다. 출판사 등록의 자유화, 431종의 도서에 대한 판매금지 해제, 검열로 지체되었던 납본필증의 즉시 교부가 주요 골자였다.

그러나 위법 도서로 지정된 181종에 대해서는 여전히 출판을 제한하는 등 정부의 출판정책에 근본적 변화가 생긴 것은 아니었다. 그래도 이와 같은 조치에 따라 출판사가 급증하였다. 1987년 말까지 새로 설립된 출판사가 472개였고, 이듬해에는 1,488개로 늘어났다.

또한 정부는 1988년 7월에 납북·월북 작가의 작품을 전면적으로 해금하였다. 해금 이후 몇 달 사이에 50여 명의 납북·월북 작가의 선집·전집류가 100여 종이나 발행되었다. 하지만 홍명희 등 5인의 문인은 정부의 해금 조치에서 제외되었다.

당시의 또다른 시대적 키워드 중 하나는 '5공 청산'이었다. 이에 따라 5공 비리와 관련된 책이나 1980년의 광주 민주화 운동 관련서, 삼청교육대 체험기, 정치 풍자물 등이 구시대 청산이라는 사회 분위기 속에서 속속 간행되었다.

* 1987년 6월 29일 '노태우 민정당 대표, 6·29 민주화 선언을 하다' 참조

10월 20일

1962년 10월 20일

중앙정보부장 김종필, 일본에서 오히라 마사요시와 청구권 자금을 논의하다

1. 무상으로 3억 달러를 10년에 걸쳐 제공한다.
2. 유상(해외경제협력기금)으로 2억 달러를 10년에 걸쳐 제공한다.
3. 상업차관으로 1억 달러를 제공한다.

-김종필·오히라 메모의 내용

2005년 8월 정부는 한일협정과 관련된 총 3만 5,000여 쪽에 달하는 외교문서를 전격 공개하였다. 보통 외교문서는 30년이 지나면 일반에 공개되는 것이 관례인데 이것은 40여 년 만에 공개되어 때늦은 감이 있었다. 그만큼 한일 양국에 예민한 내용이 담겨 있음을 반증하였던 것으로 보인다.

공개된 문서에는 독도 폭파설과 미국의 막후 역할 등에 대한 전모가 생생히 드러나 있었다. 그러나 무엇보다도 그동안 온갖 논란을 일으켜 왔던 '김종필·오히라 메모'에 시선이 집중되었다. 왜냐하면 이것이 고통스러웠던 과거를 묻어 두고 오직 경제 논리에만 집착한 구걸 외교의 상징으로 여겨졌기 때문이다.

한일 양국의 국교를 정상화하기 위한 움직임은 이승만 시대부터 시작되었다. 1951년에 처음 시작된 양국의 회담은 청구권과 어업 문제라는 벽에 가로막혀 별다른 진전이 없었다. 더구나 3차 회담에서는 일본 대표 구보타가 '일본의 36년에 걸친 통치는 한국인에게 은혜를 베푼 것'이라는 망언을 하는 바람에 5년간 회담이 중지되었다.

1958년에 구보타의 망언 취소로 회담이 속개되었지만 이번에는 우리나라에서 4·19 혁명과 5·16 군사정변이 잇달아 일어나 회담을 중지할 수밖에 없었다.

그러나 동북아시아에서 반공 진영의 결속을 필요로 했던 미국은 양국에 강하게 수교를 압박하였다. 박정희 정권은 정통성의 약점을 극복하고자 경제를 부양해야 했으므로 투자재원의 확보가 필요했다. 반면 일본은 경제 호황으로 과잉생산물과 남아도는 자본을 해외에 투자해야 할 처지였다. 이 시점에서 3국의 이해가 절묘하게 맞아떨어졌다. 이에 1961년 10월 6차 한일 회담이 열렸으나 수역문제에 대한 이견과 양국의 거센 반대로 타결의 실마리를 좀처럼 찾지 못하였다.

1962년은 박정희 정권이 야심차게 내세운 경제개발 5개년 계획의 첫해라 이를 추진할 자본의 도입이 시급했다. 미국도 '경제 원조'의 중단을 고려하겠다는 협박을 통해 일본과의 수교를 강요하였다.

정상적인 외교채널로는 협상이 타결되지 않자 박정희는 정치적인 해결을 모색했다. 당시 중앙정보부장이던 김종필을 일본에 급파해 오히라 마사요시 외상과 흥정을 하게 한 것이다.

1962년 10월 20일, 김종필은 오히라와의 1차 회담에서 구체적인 내역은 밝히지 않고 총 6억 달러의 청구권 자금을 요구하였다. 이에 오히라는 경제 원조와 독립축하금 명목으로 3억 달러를 제시하여 합의에 실패하였다.

이후 11월 12일에 다시 만난 김종필과 오히라는 마라톤 협상 끝에 수교 회담의 최대 장애물인 청구권 문제를 최종적으로 타결지었다. 김종필이 "단독회담 후 생길 수 있는 해석의 차이를 막기 위해 메모를 남기자."고 제안해 이른바 '김종필·오히라 메모'가 작성되었다.

이 메모를 계기로 한일협상은 급물살을 탔지만 문제도 많았다. 일단 36년 동안 일제가 벌인 수탈에 비하여 액수는 터무니없이 적었다. 더욱 중요한 것은 자금의 성격이 전혀 언급되지 않았다는 점이었다.

이 때문에 한국은 이를 청구권 자금으로, 일본은 경제협력자금이나 독립축하금으로 해석하는 등 각자의 입맛에 맞게 끌어다 썼다. 우리나라로서는 명분과 실리를 모두 놓친 굴욕적인 메모라 할 수 있다. 오로지 협상을 빨리 타결해 급한 돈이라도 해결하려는 조바심이 빚은 결과였다.

'김종필·오히라 메모'는 타결 후 2년 동안 일체 비밀에 붙여졌다. 하지만 야당 등 사회 일각에서 일본의 거액 정치자금 제공설 등이 터져 나오자, 박정희는 1964년 3월 '김종필·오히라 메모'를 공개하였다. 이 내용이 언론에 보도되면서 '밀실타협' '정치적 흥정'이라는 비난이 폭포수처럼 쏟아졌다.

그리고 야당과 학생, 지식인들은 연일 굴욕적인 한일협정을 반대하는 시위를 벌였다. 이것이 이른바 '6·3 사태'였다. 이에 김종필은 사태 수습을 위해 두 번째 외유를 감행하였다. 하지만 한일 수교회담은 미국의 간섭 아래서 진행한 사실상의 '한·미·일 3자 회담'이었기에 현실적인 한계가 있을 수밖에 없었다.

* 1962년 1월 13일 '제1차 경제 개발 5개년 계획 발표' 참조
* 1964년 6월 3일 '6·3 사태가 발생하다' 참조

1998년 10월 20일

제1차 일본 대중문화 개방 발표

우리나라는 1965년 한일 국교 정상화 이전에는 일본과 수교를 하지 않았기 때문에 일본 대중문화를 접할 기회가 없었다. 그러나 국교 정상화 이후에도 일본 대중문화의 유입은 허용되지 않았다. 명시적인 법령은 없었으나 정치적 또는 정책적인 차원에서 일본 대중문화는 여전히 금지영역이었다.

그러나 1980년대 청소년 세대에게 일본 대중문화는 이미 뿌리 깊게 자리 잡고 있었다. 나이트 클럽에서 일본 대중음악을 접했고, 음악감상회 등을 통해 일본 밴드인 '엑스재팬'과 '안전지대'의 뮤직비디오에 심

취한 이들이 적지 않았다.

김대중 대통령은 1998년 4월에 "일본 대중문화 개방에 두려움 없이 임하라."는 지시를 내렸다. 지난 50년간 다양한 방식으로 국내에 스며든 일본의 대중문화에 대해 더이상 '빗장'을 걸어봐야 실익이 없다는 판단에 따른 것이었다.

이에 따라 정부는 일본 대중문화의 단계적 개방방침을 밝혔다. 그리고 1998년 10월 20일 드디어 일본 대중문화가 1차로 개방되었다. 이때부터 한·일 공동제작 영화와 우리나라 영화에 일본 배우가 출연하였고, 4대 국제영화제 수상작, 일본어판 만화·만화 잡지가 들어오기 시작하였다.

일본문화 개방 첫 해 베니스 영화제 황금사자상을 받은 「하나비」가 최초로 극장에 걸렸고, 이어 칸 영화제 그랑프리 수상작 「카게무샤」가 개봉되었다.

1999년 제2차 개방 당시에는 정부가 공인하는 70여 개의 국제영화제 수상작과 애니메이션을 제외한 '전체 관람가' 영화, 2,000석 이하 규모의 실내에서 대중가수의 공연이 허용되었다. 이때 개봉된 「러브레터」가 전국에서 120만 관객을 동원하며 일본영화가 주목받기 시작하였다.

2000년 6월 제3차 개방 때는 '12세 및 15세 관람가' 등급의 영화와 국제영화제에서 수상한 극장용 애니메이션, 모든 규모의 대중가수 공연, 일본어 가창을 제외한 음반, PC와 온라인 게임의 유입이 허가되었다.

3차 개방 이후에는 일본에서 우리나라 대중문화의 약진이 두드러졌다. 영화 「쉬리」와 「엽기적인 그녀」의 흥행 성공에 이어 TV 드라마 「겨

울연가」로 한류 바람을 일으켰다.

2001년에는 정부가 일본의 중학교 역사교과서 왜곡에 대한 항의로 일본 대중문화 추가 개방에 대해 무기 중단을 발표하였다. 그러나 2002년 한·일 공동 월드컵 등의 성공적 개최로 양국의 상호 신뢰 관계가 회복되어 추가 개방 분위기가 조성되었다.

2003년 6월에 한·일 정상회담 공동성명을 통해 '일본 대중문화 개방 확대'를 표명하고 4차 개방 계획안을 마련하였다. 9월 16일 4차 개방으로 영화·음반·게임 분야가 완전 개방되었다. 방송과 극장용 애니메이션은 개방 범위를 조율한 뒤 2004년 1월 1일에 개방되었다.

* 2000년 6월 27일 '제3차 일본 대중문화 개방 발표' 참조

1990년 10월 20일
문익환 목사 석방

전국민족민주운동연합 고문인 문익환 목사는 북한 조국평화통일위원회의 초청으로 1989년 3월 평양을 방문하였다. 재일동포 정경모가 동행하였으며 일본과 중국을 경유하였다.

문익환은 3월 27일 다른 경로로 북한에 온 소설가 황석영과 함께 김일성 주석을 만나 조국통일 문제에 대해 협의하였다. 4월 2일에는 평양에서 문익환과 북한 평화통일위원회 위원장 허담의 공동명의로 '4.2 남북 공동성명서'가 발표되었다. 문익환은 북한 방문을 마치고 4월 13일에 귀국하였다.

정부는 당국과의 사전협의 및 허가 없이 평양을 방문한 문익환의 행위가 명백한 실정법 위반이라고 규정하여 귀국하자마자 그를 구속하였다. 법원은 판결문을 통해 그의 행동을 '감상주의적이며 이상주의적'이라고 결론짓고 7년 징역형을 확정하였다.

그러나 고령이었던 문익환의 건강이 나빠지자 1년 6개월여 만인 1990년 10월 20일 형 집행 정지로 석방하였다.

문익환은 앞서 1976년 3·1 민주구국선언 사건에 김대중, 이문영 등과 함께 구속되어 20년형을 선고받았으나 이듬해 형 집행 정지로 풀려난 바 있었다. 그 후에도 1978년 국민연합 선언서 사건, 1980년 내란예비 음모죄, 1986년 집시법 위반 등으로 모두 6차례에 걸쳐 10여 년간 옥살이를 하였다. 그러면서도 뜻을 굽히지 않고 민주화 운동과 통일 운동을 계속해 왔다.

1994년 1월 18일 심장마비로 사망하였다.

* 1989년 3월 27일 '문익환 목사, 김일성 주석과 회담' 참조
* 1994년 1월 18일 '문익환 목사 사망' 참조

10월 21일

1920년 10월 21일

청산리 전투가 시작되다

적막한 달밤에 칼머리의 바람은 세찬데
칼끝에 찬 서리가 고국 생각을 돋구는구나.
삼천리 금수강산에 왜놈이 웬말인가.
단장의 아픈 마음 쓸어버릴 길 없구나.

-김좌진,「단장지통斷腸之痛」

1920년 10월 일본군이 북로군정서 독립군을 토벌하기 위해 용정龍井 · 대굴구大屈溝 · 국자가局子街 · 두도구頭道溝 지역으로 진군해 왔다. 독립군은 처음에는 화력과 병력의 열세를 고려하여 싸움을 피하려고 하였다. 그러나 일본군이 토벌 과정에서 민간인들이 사는 촌락을 불사르고 동포들을 학살하는 것을 보고 일본군과 대항해 싸우기로 결정하였다.

일본군이 북로군정서군을 뒤쫓아 청산리 골짜기 안으로 들어오자, 북로군정서 사령관 김좌진은 일전을 위해 부대를 2개 제대로 나누었다. 제1제대는 김좌진이 지휘하는 본대로서 비교적 훈련이 부족한 사병들로 편성하여 사방정자四方頂子의 산기슭에 배치하였다. 제2제대는 후위대로서 연성대장 이범석의 지휘 하에 백운평 바로 위쪽 골짜기 길목에 잠복했다.

북로군정서군이 매복한 지역은 지형지물이 잘 발달되어 있어 적을 기습하기에 적당한 지형이었다. 북로군정서군은 일본군을 유인하기 위해 주변 마을의 노인들에게 "독립군은 무기도 제대로 갖추지 못한 채 사기가 떨어져 허둥지둥 도망갔다."는 등의 허위정보를 퍼뜨리게 한 후, 주위의 천연 엄폐물을 이용해 철저히 위장하였다.

1920년 10월 21일 독립군을 뒤따라 백운평에 진입한 일본군 선발 보병 1개 중대가 북로군정서군 제2제대의 매복지점으로부터 10여 보步 앞에 도달했을 때 독립군의 기습공격이 시작되었다. 독립군이 은폐하고 있는 정확한 위치도 파악하지 못한 채 응사하던 일본군 전위부대 200명은 교전 20여 분 만에 전멸하였다.

뒤이어 도착한 야마다 토벌연대 본대는 전위부대의 전멸에 당황하여 산포와 기관총으로 결사적으로 응전했지만 시간이 흐를수록 희생자는 늘어났다. 이에 일본군은 보병 2개 중대와 기병 1개 중대로 1부대를 편성해서 매복하고 있던 독립군의 측면을 우회 공격하려 하였다. 그러나 절벽 위에서 조준 사격하는 독립군에 의해 막대한 희생만 치른 뒤 패주했다.

일본군은 다시 전열을 정비해 매복한 북로군정서군 제2제대의 정면과 측면을 산포와 기관총으로 공격했지만 완전히 엄폐되어 있는 독립군의 반격에 사상자만 늘어날 뿐이었다. 일본군 토벌연대 본대는 자기 편의 시체를 쌓아 은폐물을 만든 뒤 필사적으로 반격했으나 1,200~1,300명의 전사자만 더 내고 숙영지로 패주했다.

북로군정서군은 전투에서 크게 승리한 후 퇴로가 차단될 것을 우려해서 10월 22일 새벽에 갑산촌甲山村으로 철수하였다.

청산리 전투의 승리는 독립군 병사들의 영웅적 분전, 지형을 적절히 이용한 지휘관들의 우수한 유격 작전, 간도지역 조선인들의 헌신적인 지지와 성원이 함께 어우러져 이뤄낸 것이었다.

* 1930년 1월 24일 '김좌진 장군 암살' 참조
* 1972년 5월 11일 '청산리 전투의 영웅, 이범석 장군 서거' 참조

1994년 10월 21일

성수대교 붕괴 사고 발생

1994년 10월 21일 오전 7시 40분경, 성수대교 교각 5번과 6번 사이 상판의 북쪽 이음새 부분이 굉음과 함께 갑자기 끊어졌다. 끊어진 부분 위를 달리던 승합차 1대와 승용차 2대는 한강으로 추락하였고, 붕괴 지

점에 걸쳐 있던 승용차 2대 또한 물속으로 빠졌다.

그리고 버스 1대는 뒷바퀴가 붕괴 지점에 걸쳐지는 바람에 차체가 뒤집혀 추락하였다. 게다가 떨어진 상판에 박혀 차체가 찌그러지는 바람에 등교하던 학생들을 비롯한 승객들이 피해를 입었다. 이 사고로 32명이 사망하고 17명이 다쳤으며 차량 6대가 파손되었다.

1979년에 개통한 성수대교는 트러스식 다리로 건설되었다. 하지만 트러스식 공법은 이음새가 잘못되면 무너지기 쉬운 공법이었다. 이 때문에 이음새 핀 등의 세부 요소들을 정기적으로 점검해야 하는데, 이러한 안전점검 조치를 소홀히 하였다.

게다가 성수대교 건설 당시 다리 밑부분을 이루고 있는 트러스가 제대로 연결되지 않았으며, 연결 부분도 심하게 녹슬어 있었다. 또한 다리 위에 가해지는 압력을 분산시키는 이음새에도 결함이 있었다.

공사 도중 볼트 삽입 과정에도 문제가 있었다. 볼트를 무리하게 집어넣다가 구멍의 모양이 변형되어 볼트의 강도가 약해진 것이었다. 이런 여러 가지 이유로 붕괴는 예견되어 있었다.

이 사고는 해외에도 크게 보도되어 국가 이미지마저 크게 훼손되었다. 사고 당일에 이원종 서울특별시장이 경질되었고, 10월 24일에는 김영삼 대통령이 TV를 통해 대국민 특별담화문을 발표하고 국민에게 사과하였다.

1995년 4월 26일 현대건설이 새 성수대교 건설 공사를 맡아 1997년 7월 3일에 완공하여 현재에 이르고 있다.

1976년 10월 21일

숙정문 복원 공사 완료

숙정문은 1396년 9월 도성의 나머지 삼대문과 사소문四小門이 준공될 때 함께 세워졌다. 원래 이름은 숙청문肅淸門이었다. 도성 북문이지만, 한양 성곽의 다른 문과는 달리 사람의 출입이 거의 없는 험준한 산악지역에 위치해 실질적인 성문의 기능은 하지 않았다.

1413년 풍수지리학자 최양선이 숙청문이 지맥을 손상시킨다는 상소를 올린 뒤에는 문을 폐쇄하고 길에 소나무를 심어 통행을 금지하였다. 이후 숙청문은 음양오행 가운데 물을 상징하는 음陰에 해당하는 까닭에 나라에 가뭄이 들 때는 기우祈雨를 위해 열고, 비가 많이 내리면 닫았다고 한다. 정월 대보름 전에 민가의 부녀자들이 숙청문에 세 번 가서 놀면 그 해의 재앙과 불운을 면할 수 있다는 전설이 전해지기도 하였다.

'숙정문'이라는 이름이 처음 기록에 등장하는 것은 1523년이었다. 이후 숙청문과 숙정문이 혼용되다가 뒤에 자연스럽게 숙정문으로 바뀐 것으로 추정된다.

1907년부터 일제강점기와 한국전쟁 등을 겪으며 서울성곽의 성벽과 문루들이 차례차례 헐렸다. 숙정문 역시 이때 훼손되었다.

그러다가 1963년 1월 21일에 서울성곽에 포함되어 사적 제10호로 지정되었다. 1975년 9월 15일 서울성곽과 함께 복원 공사가 시작되어 이듬해인 1976년 10월 21일에 완료되었다.

2006년 4월부터 다시 일반인들에게 개방되었다.

1986년 10월 21일

북한, 금강산 댐 착공 발표

1986년 10월 21일 내외통신이 북한의 금강산 댐 착공 소식을 보도하였다. 북한이 휴전선 북방 10km 지점에 높이 215m, 저수용량 200억t에 이르는 대규모 수력발전용 댐을 짓는다는 것이었다.

이에 우리나라는 10월 30일 이 내용을 발표하였다. 그리고 대책을 강구하였다. 그해 11월 26일에는 만약 금강산댐이 터지면 서울을 비롯한 중부지역이 물바다가 될 것이라며 이에 대응하기 위한 이른바 '평화의 댐' 건설 계획을 발표하였다. 그렇게 1987년 2월 말 평화의 댐 건설이 시작돼 1988년 5월에 1단계 공사가 완료되었다.

하지만 1993년 감사원의 특별감사에 따르면 평화의 댐 사업은 5공 정부가 시국 전환을 위해 매우 과장시켜 도모한 것으로 드러났다.

그럼에도 홍수 조절 등을 위해 2002년 댐 높이를 기존 80m에서 125m로 높이는 평화의 댐 제2차 공사를 시작해 2004년 4월 20일에 마무리하였다.

10월의
모든 역사

10월 22일

1991년 10월 22일
뉴욕 소더비에서 「수월관음도」가 경매되다

관세음보살은 대자대비大慈大悲를 근본 서원으로 하는 보살이다. 어떤 부처나 보살보다도 민중들에게 친근한 존재이다. 관세음보살은 '세상의 모든 소리를 살펴본다.'는 그 이름처럼 세상의 모든 소리를 보고 들을 수 있는 신통력을 갖고 있으므로, 누구든지 '관세음보살'을 부르면 그 음성을 보고 듣고 중생을 구제해 준다.

관세음보살은 석가모니의 입적 이후부터 미륵불이 나타날 때까지 화재, 암살, 도둑 등으로부터 세상을 지켜주며, 구제할 중생의 근기根機(정신적 수준)에 맞추어 33가지의 몸으로 세상에 나타난다.

'경매'란 말 그대로 구매와 판매가 가격 경쟁에 의해 결정되는 방식을 말한다. 즉 생산자가 일방적으로 가격을 결정하지 못하고 수요자의 의지가 충분히 반영되는 거래라고 할 수 있다.

경매의 가장 큰 장점은 시장 논리에 따라 거래의 투명성이 보장된다는 것이다. 특히 미술품의 경우, 은밀히 가격이 결정되던 관행에서 벗어나 거품이 상당 부분 줄어든다. 한발 더 나아가 가짜가 진짜로 둔갑할 가능성을 현저히 줄여 준다. 경매에 나오는 작품들은 일정 기간 공개 전시를 하기 때문이다.

경매 하면 누구나 한 번쯤 들어 봤을 이름이 '소더비'와 '크리스티'이다. 세계에 수많은 경매회사가 있지만 이 두 업체의 명성과 실적을 따라오지 못한다. 소더비는 1744년 런던에서 서적 경매를 시작으로 테이프를 끊었고, 크리스티는 그보다 20여 년 후에 처음으로 거래를 시작했다.

하지만 미술품 경매에 먼저 손을 댄 것은 크리스티였다. 이 두 회사는 현재 전 세계 미술품 경매 매출액의 80% 이상을 차지하여 경매의 대명사가 된 지 오래이다. 한마디로 '세상에서 희귀하다는 것은 뭐든지 구할 수 있다.'는 것이 이들 경매회사이다.

그런데 1991년 10월 22일, 우리나라 미술품 단독 경매가 실시된 뉴욕 소더비에서 한 작품이 국내외의 비상한 관심을 모았다. 그것은 14세기에 그려진 고려의 불화 「수월관음도水月觀音圖」였다. 이 그림은 내정가보다 10배가 넘는 176만 달러에 낙찰되어 세상을 놀라게 하였다. 이것은 당시 국제미술시장에서 거래된 우리나라 고미술품으로는 전례가 없는 기록이었다.

이 그림은 다소 경직된 얼굴 표정으로 관음보살의 매력을 충분히 살리지 못했지만 전체적으로 고려시대 관음도의 기본에 충실하였다. 이 작품은 일본으로 유출되어 고오야상 레이호칸에 소장되어 있다가 소더비 경매에 나오는 신세가 되었던 것이다.

관세음보살은 하나가 아니라 33가지의 모습으로 다양하게 존재한다. 양류관음, 쇄수관음, 수월관음 등이 그것이다. 「수월관음도」란 바로 수월관음과 관계된 모습을 그린 것이다.

우리가 흔히 불화佛畵라고 부르는 것은 불경의 내용, 즉 불교의 종교적인 이념을 그림으로 나타낸 것이다. 따라서 사찰에 그려진 그림은 일단 불화라고 봐도 무방하다.

이것은 건물의 벽면에 그리는 벽화와 천이나 종이에 그려 적당한 곳에 걸어두는 탱화로 나뉜다. 벽화에는 석가의 일생을 여덟 장면으로 표현한 팔상도八相圖와 깨달음에 이르기까지의 과정을 야생의 소를 길들이는 것에 비유한 심우도尋牛圖가 단골 소재로 쓰였다. 탱화는 불상 뒤편 등에 걸어 불상의 보조 역할을 했는데, 대웅전에 걸리는 영산회상도靈山會上圖나 관음전에 주로 걸리는 관음보살도 등이 유명하다.

관음보살 탱화 중에 가장 대표적인 것이 「수월관음도」이다. 수월관음은 바다 위에 밝은 달이 비치는 가운데 관음이 물가의 벼랑 위에 앉아서 선재동자에게 설법을 행하여 붙여진 이름이다.

이 때문에 「수월관음도」는 화엄경에 나오는 선재동자가 진리를 얻고자 남인도의 바닷가에 있다는 보타낙가산補陀洛迦山으로 관음보살을 찾아가 예배 드리는 장면을 그리고 있다. '물속에 비친 달'은 '사람들이 좇는 헛된 꿈'을 가리키는 말로 결국 「수월관음도」는 인생의 허무에서 생긴 고통을 구제해 주는 관세음보살을 담아낸 것이다.

현재 고려불화는 150여 점가량이 남아 있으나 국내에 있는 것은 고작 10여 점에 불과하고 일부가 유럽, 나머지 거의 모두가 일본에 보관돼 있다고 한다. 물론 그중에는 일본의 주문에 의한 작품도 있을 것이나 주로 임진왜란과 일제강점기를 틈타 반출된 것이 분명하다. 현재 이것을 찾아올 수 있는 방법은 사실상 경매 외에는 마땅한 수가 없다.

「수월관음도」는 예술이 진정 무엇인지를 보여 준 청자, 그리고 인쇄술의 첨단을 달린 금속활자와 더불어 고려를 대표하는 유물이다. 그렇기 때문에 외국으로 유출은 됐어도 우리의 문화를 전도하는 또 다른 형태의 외교사절이라는 점에서 너무 안타까워하지는 않아도 될 것이다.

2003년 10월 22일

송두율 교수, 국가보안법 위반 혐의로 구속

송두율은 1944년 10월 12일 일본 도쿄에서 태어났다. 아버지 송계범이 한국전쟁 이후 전남대학교 물리학과에서 재직했기 때문에 송두율은 1950년부터 1960년까지 광주에 거주하였다. 이곳에서 광주 중앙초등학교와 서중학교를 졸업하였다.

1960년에는 서울로 이주하여 중동고등학교에 입학하였다. 이때 교사였던 송찬식의 권유로 철학을 전공하였다.

1963년 서울대학교 철학과에 입학하였으며, 1965년에는 한일 회담 반대 운동에 참가하였다. 1967년 독일로 유학해 철학 박사 학위를 취득하였다. 그리고 1972년 뮌스터 대학 사회학과에 조교수로 채용되어 정치경제학, 사회학방법론, 후진국사회학 등을 강의하였다.

1973년에 북한을 처음으로 방문하였으며 북한 노동당에 가입하였다. 그는 이후 총 18회 북한을 방문하였다.

1974년 '민주사회건설협의회'를 조직하여 의장을 맡았으며, 본에서 벌어진 유신 독재 반대 시위에 참가하였다. 1977년에 베를린 자유대학으로 옮겨 활동하였다.

송두율은 1981년 사회주의에 대해 비판적인 분석을 한 논문「소련과 중국」을 발표하였고, 이듬해 사회학 교수 자격을 받았다. 1991년에는 북한 사회과학원 초청으로 김일성 종합대학에서 강의하였으며 김일성과 대면하였다. 1997년에는 독일 시민권을 취득하였으며, 김일성의 장례식에 참여하기 위하여 북한을 방문하였다.

송두율은 2003년 9월 민주화 운동 기념사업회의 초청으로 우리나라에 귀국하였다가 10월 22일 구속되었다. 국가보안법에 의해 조선로동당 당원이라는 혐의를 받아 기소되었고 재판부는 7년의 징역형을 선고하였다.

그는 심문 과정에서 다음과 같이 진술하였다.

"김일성 주석께서는 살아온 과정 등을 볼 때 존경받으실 만한 가치가 있으며 저도 존경합니다."

항소심에서 그는 특정 정치적·사상적 집단에 귀속시키려는 주장에 대해 강력 거부하고 '경계인'으로서의 입장을 견지하였다. 재판부는 기소된 사건 내용 중 방북사실 외의 대부분의 혐의를 무죄로 판정하여 징역 3년에 집행유예 5년을 선고하였다.

이로써 송두율은 구속 9개월 만에 석방되었으며 부인과 함께 2004년 8월 초에 독일로 출국하였다. 2008년에 국가보안법 위반 혐의에 대한 상고심에서 무죄 판결을 받았다.

이 사건은 한 개인의 위법 여부를 넘어 국가보안법 존폐 여부에 대한 사회적 문제로 확대되었으며, 양심의 자유에 대한 국제적인 관심의 대상이 되었다.

1983년 10월 22일

산악인 허영호, 마나슬루봉 단독 등정 성공

1983년 10월 22일 산악인 허영호가 해발 8,156m의 히말라야 마나슬루봉을 올랐다. 세계 최초의 무산소 단독 등반이었다.

앞선 1982년 5월 세계 제5봉인 해발 8,441m의 마카루봉 정상을 오름으로써 두각을 나타낸 허영호는 세계에서 7번째로 높은 마나슬루봉 정복을 위해 체력 관리와 고산지대 적응에 총력을 기울였다.

허영호 일행은 네팔에 도착할 당시 카트만두에 머물러 있던 대구 파라마운트 산악회의 손기오를 비공식대원으로 합류시켰다. 세 명의 원정대는 두 명의 셰르파와 함께 9월 15일 4,800m 지점에 베이스캠프를 설치하였다.

이들은 3캠프까지 진출 후 갑작스런 폭설로 인해 한동안 등반을 중단하고 베이스캠프에 인접한 사마마을까지 내려가 날씨가 좋아지기를 기다렸다. 10월 17일 다시 베이스캠프로 올라가 5,200m에 전진캠프를 설치하고 10월 21일에는 7,200m 지점에 마지막 캠프를 설치하였다.

허영호는 단독으로 정상을 오르기로 하고 10월 22일에 출발하여 정상 등정에 성공했다. 허영호는 등반 당시 산소를 사용하지 않고 정상을 정복하였다. 이로써 히말라야 등반에서는 당연히 산소를 써야 되는 것으로 인식하던 국내 산악계는 새로운 전기를 맞았다.

허영호는 우리나라에서 처음으로 8,000m가 넘는 봉우리 두 개 이상을 정복한 산악인이 됐으며 국내 산악계의 스타로 발돋움하였다.

* 2004년 5월 5일 '산악인 엄홍길, 히말라야 8,000m급 15좌 정복 성공' 참조
* 2011년 11월 3일 '산악인 박영식, 영결식 거행' 참조

10월 23일

1994년 10월 23일

국군 포로 조창호, 43년 만에 귀환하다

"나는 돌아온 사자死者입니다."

-조창호

1932년에 태어난 조창호는 유복한 어린 시절을 보냈다. 연세대학교에 입학하던 1950년에 한국전쟁이 발발하였다. 그는 국군에 자원입대하여 육군본부 직속 포병 101대대 관측담당 소위로 참전하였다. 그러나 이듬해 5월 강원도 인제에서 중국군에 포로로 붙잡힌 뒤 북한으로 끌려갔다.

이후에 북한 인민군에 편입되었으나 1952년 동료 포로들과 탈출을 계획하였다. 이 계획이 정치부에 발각되는 바람에 그는 13년간 함흥, 아오지, 강계광산 등지에서 복역하게 되었다. 이후 자강도에 광부로 배치되었고, 30년 동안의 고된 광산 노동과 영양 부족 때문에 규폐증에 걸렸다.

규폐증이 심해져서 자강도 산간마을로 보내진 조창호는 이곳에서 만난 중국 상인을 통해서 누나에게 편지를 전하였다. 결국 가족들의 도움으로 조창호는 목선을 타고 압록강을 건너 북한을 탈출하였다.

바다 위에서 표류하던 그는 1994년 10월 23일 새벽에 우리나라 수산청 어업지도선에 의해 구출되었다. 그해 11월 26일에 조창호는 육군사관학교에서 중위로 전역하였다. 무려 43년 3개월만의 전역이었다.

그는 많은 국군 포로들이 여전히 북한에 생존해 있음을 증언하였다. 이는 국군 포로들과 강제 납북자에 대한 사회적인 관심을 환기시키는 계기가 되었다.

국군 포로는 한국전쟁 동안 중국군이나 인민군에게 붙잡힌 국군을 말한다. 정전협정 체결 시 연합군은 전쟁 중 포로로 붙잡히거나 실종된 국군을 8만 2,000여 명으로 추산하였다. 그러나 북한이 송환한 포로는 8,300여 명에 불과하였다.

2001년에 김대중 대통령이 비전향 장기수 64명을 전원 북송하였으나, 이후 2006년까지 정부는 국군 포로와 납북자들을 풀어주기 위한 어떤 노력도 보이지 않았다. 한편 북한은 한국전쟁 이후 북한에 남은 국군 포로는 모두 스스로 원하여 북한을 택함으로써 '해방전사'로 편입되었다고 밝혔다.

말년에 조창호는 미국 하원 국제관계위원회 청문회에 증인으로 출석하여 북한에 남아 있는 국군 포로와 납북자들의 생활상을 증언하고 그들의 귀환을 위한 활동을 벌여왔다.

암과 뇌졸중으로 고생하다가 2006년 11월 19일 서울대학교병원에서 사망하였으며, 11월 21일에 국립 현충원 충혼당에 안장되었다. 그는 죽는 순간까지도 국군 포로의 귀환을 걱정하였다.

2012년 6월, 국방부는 북한에 남아 있는 국군 포로 7만 3,000여 명 중 500여 명은 아직 생존해 있다고 밝혔다. 그러나 북한이 재북 국군 포로가 없다고 주장하고 있기 때문에 정확한 국군 포로의 실태를 파악하기는 어려운 실정이다.

또한 제3국에 체류하고 있는 탈북 국군 포로의 경우 제3국 정부의 협조가 필수적이어서 우리 정부가 귀환을 주도하기 힘들다. 지난 1994년부터 2012년 현재까지 국군 포로 80명, 가족 400명이 귀국하였다.

* 1950년 6월 25일 '한국전쟁이 발발하다' 참조

2000년 10월 23일

노사정위원회, 주 40시간 근무 합의

1997년에 우리나라를 덮친 외환위기는 대량실업이라는 문제를 발생시켰다. 이를 극복하기 위한 '일자리 나누기'의 일환으로 근로시간 단축이 논의되기 시작하였다.

당시 중요 노동정책의 결정을 맡게 된 노사정위원회는 2000년 10월 23일 '근로시간 단축, 관련 임금 및 휴일·휴가 제도 개선에 대한 기본 방향'을 국회 본회의에서 채택하였다.

근로자의 삶의 질 향상을 이루기 위해 법정 근로시간을 주 40시간으로 단축시키는 것과 휴가·휴일 제도를 국제적인 기준에 맞추어 수정할 것에 합의하였다.

그러나 이후 세부적인 사항에 대한 협상이 진행되면서 경영계와 노동계는 각 사안마다 첨예한 대립을 보였다. 이후로도 근로기준법에 대한 노사 간 대립은 양보 없이 계속되었고 국회에서의 심의 및 통과는 계속 지연되었다.

그러나 이 과정에서 주 40시간으로의 근로시간 단축은 주 5일 근무제의 개념으로 자연스럽게 인식되기 시작했다. 행정부는 공무원들을 대상으로 월 1회 주 5일 근무를 시범실시하였다. 또한 교육 부문의 주 5일 근무제를 위한 계획도 발표하였다.

민간에서는 금융노조연합과 은행권이 휴가 제도의 변경과 부분적 임금 보전 등에 대한 합의를 이끌어 내어 주 5일 근무제를 도입하였다. 증권사들도 11월부터 주 5일 근무를 실시하게 되었다.

이러한 과정에서 재계는 자신들에게 불리한 방향으로 주 5일 근무제가 확산될 것을 우려하여 정부안이라도 입법하자는 방향으로 태도를 전환하였다.

이렇게 입법화에 대한 압력이 거세지자 근로기준법 개정안이 2003년 8월 29일에 국회 본회의를 통과하였다. 9월 15일에 공포되었으며 사업장 규모별로 단계적 시행에 들어갔다.

1996년 10월 23일

백범 김구 암살범 안두희 피살

1949년 6월 26일 백범 김구는 서대문 경교장에 있는 집무실에서 4발의 총탄을 맞고 쓰러졌다. 조국의 독립에 평생을 바친 김구의 비극적인 최후였다.

백범을 암살한 범인 안두희는 암살 현장에서 체포되었다. 안두희는 자신이 한국독립당의 비밀당원으로, 한국독립당의 정치적 노선에 대해 김구와 토론을 하던 중 우발적으로 살인을 저질렀다고 밝혔다. 그리고 다른 배후는 없다고 주장하였다.

그러나 1992년 그는 배후에 당시 특무대장이었던 김창룡이 관련되어 있다고 밝혔다.

김구 암살 이후 안두희의 삶은 매우 비참해졌다. 민족의 스승과도 같았던 김구를 죽인 그에게 테러와 진실규명 요구가 쏟아졌다. 칼에 맞거나 각목 세례를 받는 일도 생겨 6개월마다 거처를 옮겨야 할 정도였다.

그러던 1996년 10월 23일 안두희는 40대 버스기사 박기서의 정의봉

正義棒에 맞아 목숨을 잃고 말았다. 심한 중풍으로 자리에 누워 지내던 이 70대 노인이 죽음으로써 김구 암살의 진실도 함께 어둠 속으로 묻히고 말았다.

안두희를 죽인 박기서는 1997년 징역 3년형을 선고받고 형을 살다가 이듬해인 1998년에 특별사면을 받았다.

* 1949년 6월 26일 '김구, 경교장에서 암살당하다' 참조
* 1992년 4월 12일 '백범 김구 암살범 안두희, 암살 배후 폭로' 참조

10월의
모든 역사

10월 24일

1984년 10월 24일

서울대학교 학생들, 학원 프락치 사건과 관련하여 중간고사를 거부하다

본 피고인은 그곳에 민주주의가 살해당하면서 흘린 피의 냄새가 짙게 배어 있기 때문이 아니라, 그곳에서만은 진실의 참모습을 만날 수 있다는 의미에서의 신성한 법정에서 재판을 받고 싶습니다.

-유시민, 항소이유서

1980년대는 학생과 군사정권이 첨예하게 대립하고 있던 시대였다. 1984년 9월 가짜 대학생 4명을 프락치로 판단한 서울대학교 학생들이 그들을 붙잡아 11일 동안 폭행한 사건이 일어났다. 피해자의 증언에 따르면 이들은 각목 구타, 물고문 등을 당했다고 한다.

당시 서울대학교의 핵심 인물이었던 학도호국단장 백태웅을 비롯해 이정우·윤호중 등은 이 사건 이후 수배되었다. 또한 복학생 협의회 집행위원장이었던 유시민은 구속되어 1년 6개월 형을 받았다.

서울대학교는 9월 29일 백태웅을 비롯한 4명을 제적하고 66명을 무더기 징계하였다. 10월 4일에는 유시민을 포함한 3명을 추가로 제적하였다.

그러나 문제는 경찰과 검찰에 있었다. 당시 수사관은 폭행 당사자를 조사한 것이 아니라 서울대 총학생회를 불법폭력조직으로 몰아 와해시키려 하였던 것이다. 이 때문에 폭행에 직접 가담하지도 않은 유시민, 이정우, 백태웅 등을 폭력 지시자로 만들어 구속수감하였다.

서울대학교 학생들은 이 처분을 학생운동에 대한 탄압으로 간주하고 징계 철회를 요구하며 철야농성을 벌였다. 대학 당국이 아무런 반응을 보이지 않자 학생들은 총학생회 주도 하에 10월 24일 중간고사 거부를 결의하였다.

초기 결시율은 50% 수준에 머물렀다. 그런데 교정 곳곳에 '시험에 불응하면 주동자를 엄벌하거나 불이익을 받게 될 것' '중간고사 성적은 학기말 최종 성적평가에 크게 반영될 것' 등의 공고문이 나붙자 도리어 결시율이 80%를 넘어섰다.

성적을 무기로 총학생회를 일반 학생들과 분리시켜 붕괴에 이르게 하려던 정권과 학교 당국의 음모는 실패하고 말았다. 동시에 이것은 학생들이 자신의 손으로 세운 총학생회를 반드시 사수하겠다는 의지를 드러낸 사건이었다.

총학생회를 중심으로 단결하기 시작한 학생들은 군사정권과의 물러설 수 없는 일대 결전을 준비했다. 이들은 11월 3일에 연세대학교에서 학생의 날 연합집회를 열었다. 11월 5일에는 민주화투쟁전국학생연합(민투학련) 결성식이 열렸다. 그리고 11월 20일에는 고려대학교에서 전국학생총연맹(전총련) 결성식이 열렸다.

한번 타오르기 시작한 투쟁의 불꽃은 꺼질 줄 몰랐다. 겨울방학 동안 실시된 총선에서 학생들은 집권당인 민정당에 타격을 주기 위한 투쟁을 전개하였다. 학생들이 선도한 투쟁은 군사정권의 폭압에 위축돼 있던 민중들에게 새로운 용기를 불어넣어 주었고, 민정당은 뼈아픈 패배의 쓴잔을 마셔야 했다.

1985년에 새 학기가 시작되자 총학생회 부활을 위한 투쟁은 전국 대학으로 확산되었다. 걷잡을 수 없이 커진 투쟁 때문에 군사정권도 1월 24일 대학교육협의회가 제시한 '학도호국단 개편 및 학생 자치기구 신설을 위한 건의안'을 받아들이는 형식으로 학생들의 요구를 수용하였다.

이른바 총학생회 회칙에 관한 '문교부 5원칙'은 군사정권과 문교당국의 마지막 자존심이었다. 그들은 새롭게 구성되는 총학생회 회칙에 다음 다섯 가지 원칙을 반드시 포함시킬 것을 각 대학에 종용하였다.

1. 학생들의 정치활동 금지
2. 지도위원회 설치
3. 학생회비 집행의 지도감독
4. 학생대표의 피선자격 제한

5. 학생대표의 교수회의 참석 불용

그러나 학생들은 '문교부 5원칙'과 관계없이 스스로 민주적 회칙을 만들었다. 그리고 그 회칙에 기반하여 총학생회 선거를 실시했다. 서강대 76.1%, 연세대 71.9%, 성균관대 72.7%, 이화여대 73.4% 등 투표율은 전년도보다 높게 나타났다. 서울대 프락치 사건에서 촉발된 시위가 학원 자율화의 결실로 이어진 것이다.

1912년 10월 24일
은행령 공포

일제는 1911년 한국은행의 명칭을 조선은행으로 바꾸고 조선은행법을 제정하였다. 그리고 1912년 10월 24일 기존 금융제도를 식민지 금융제도로 개편하기 위하여 '은행령'을 공포하였다. 은행령에 따르면 조선인도 일반은행을 설립할 수 있었다. 이는 조선의 자본을 이용하여 일본의 산업화를 달성하기 위한 자본조달의 한 방법이었다.

이와 같이 새로운 '은행령'에 의해 일반은행의 설립이 본격화되었다. 특히 1910년대 후반에 들어와서는 제1차 세계 대전 중의 경제 호황을 바탕으로 많은 은행이 새로 설립되었다.

조선인과 일본인의 공동출자로 1912년에 대구의 선남상업은행(후에 선남은행으로 개칭), 구포의 구포은행(후에 경남은행으로 개칭)이 설립되었고, 1913년에 부산 상업은행과 대구은행이 각각 설립되었다.

조선인의 독자경영은행으로는 충남의 호서은행(1913년), 동내은행

(1918년), 대구의 경일은행(1920년), 고성의 해동은행(1920년), 광주의 호남은행(1920년)이 있었다.

그리고 일본인의 독자경영은행으로는 원산의 칠성은행(1912년), 경성은행(1913년), 진남포의 삼화은행(1916년), 원산상업은행(1919년), 대구의 경상공립은행(1920년) 등이 잇달아 설립되었다.

1918년 6월에 '조선식산은행령'이 공포되고, 그해 10월 산업자금을 효율적으로 공급할 수 있는 특수정책금융기관인 조선식산은행이 발족하였다.

하지만 조선의 경제가 허약하고 민족자본이 성립되지 않아 일제의 은행령은 큰 성과를 거두지 못하였다. 결국 1920년 일제는 일제의 자본을 조선에 직접 투자할 수 있게 하는 등 노골적인 식민지 수탈정책을 펼쳤다.

* 1911년 3월 29일 '조선은행법, 일본 국회에서 가결' 참조

1980년 10월 24일

공주에서 공산성 임류각지 발굴

1980년 10월 24일 충청남도 공주시에 위치한 공산성 내에서 임류각지가 발굴되었다. 이것은 공산성 산정에 있는 광복루 서쪽으로 약 150m 떨어진 산에 위치한 누각터이다.

공산성은 공주를 지키기 위해 만들어진 백제의 대표적인 성곽이었다. 문주왕 원년(475) 한산성에서 이곳으로 도읍을 옮긴 뒤 삼근왕, 동

성왕, 무령왕을 거쳐 성왕 16년(538)에 부여로 도읍을 옮길 때까지 64년간 왕도를 지켰다.

그 후 조선시대까지 지방행정의 중심지였고 1623년 이괄의 난 때는 인조가 피난하였던 역사가 서려 있는 곳이어서 각 시대의 유적이 많이 남아 있다. 성 안에는 진남루, 공북루, 쌍수정, 영은사, 임류각지, 암문지 등이 있다.

임류각지는 동성왕 22년에 공주로 천도한 뒤 왕궁의 동쪽에 건축하여 신하들의 연회장소로 사용하였던 것으로 보인다.

1971년 10월 24일

보림사 불상에서 150여 권의 전적 출토

1971년 10월 24일에 보림사 사천왕상에서 150여 책이 출토되었다. 이어 1995년 2월에도 무릎과 발 등에서 고려 말과 조선 초의 국보급 희귀본을 포함해 고서 250여 권이 발견되었다.

보림사는 통일신라 구산선문九山禪門 가운데 가장 먼저 개산開山한 가지산문의 중심사찰이었다. 통일신라 때 융성하였으나 한국전쟁이 발발한 1950년 가을에 군경토벌대가 불을 질러 일주문과 천왕문만 남고 모두 불타 버렸다.

사천왕상에서 발견된 서적 중에는 임진왜란 이전에 간행된 언해본들이 다수 포함되어 있다. 그 책들은 고려와 조선 시대의 언어, 사회상을 연구하는 데 귀중한 자료가 되고 있다.

10월 25일

1597년 10월 25일

이순신, 명량대첩을 거두다

오! 국가가 의지해 보장받은 것은 오직 수군뿐이었건만 하늘이 아직도 화 내림을 후회하지 않는지 흉적의 칼날이 다시 번뜩여 마침내 3도의 대군을 한 싸움에 다 없애버렸도다. 이제부터 바다 가까운 성읍들을 누가 막아주랴? 한산도가 함락됐으니 적이 무엇을 꺼리랴? (……) 오로지 경은 일찍이 발탁해 수사로 임명하던 날부터 이름이 드러났고, 다시 공업을 떨치어 임진년의 대첩 후에는 변방의 군사들이 만리장성처럼 든든하게 믿었건만 지난번에 경의 직책을 갈고 죄를 입은 채로 종군하게 한 것은 사람의 도모하는 바가 착하기만 하지 않은 데서 그리된 일이라. 이 같은 패전을 당한 이제 무슨 할 말이 있으리오. 이제 특별히 경을 복권하고 복상 중인데도 뽑아내 백의종군으로부터 충청·전라·경상 등 3도의 수군통제사를 겸직할 것을 제수하노라.

-선조, 이순신에 대한 재임명 교서

이순신을 모함하여 파직시키고 삼도수군통제사三道水軍統制使의 자리를 차지한 원균은 1597년 칠천량 해전에서 일본에 대패하고 전사하였다. 이 전투로 조선은 다수의 장병과 대부분의 군선을 잃고 제해권을 상실하였다. 이제 선조에게는 다른 선택의 여지가 없었다. 선조는 교서를 내려 이순신을 복권시키고 다시 삼도수군통제사로 기용하였다.

이때 조선군에게 남은 군선은 12척에 불과하였다. 이순신이 회령포에서 군선 10척을 거두었고, 그 후 2척을 회수하였다. 칠천량 해전에서 패한 손실이 커서 선조는 한때 수군을 폐지하려고도 하였다. 그러자 이순신은 선조에게 다음과 같은 장계를 올렸다.

"신臣에게는 아직 12척의 군선이 남아 있나이다. 신이 죽지 않는 한 적들은 감히 저희들을 업신여기지 못할 것입니다."

그 후 이순신은 남해안 일대를 돌아다니며 흩어진 병사들을 모아 수군 재건에 전력을 다하였다. 해남 우수영에서 배 한 척을 더 모아 군선 13척을 가지고 전투에 대비하였다.

이순신은 10월에 일본의 함대가 어란포에 들어온다는 보고를 받고 벽파진에서 우수영右水營으로 진을 옮겼다. 이때 어란포의 일본 수군은 구루시마 미치후사, 도도 다카토라, 와키사카 야스하루, 가토 요시아키, 구키 요시타카가 지휘하는 133척의 군선을 보유하고 있었다.

울돌목(명량해협)은 수심이 얕아 실제 배가 항해할 수 있는 폭도 좁았다. 그중에서도 밀물 때 넓은 남해의 바닷물이 좁은 울돌목으로 한꺼번에 밀려와서 서해로 빠져 나가면서 해안의 양쪽 바닷가와 급경사를 이뤄 물이 쏟아지듯 빠른 조류가 흘렀다.

울돌목 물살의 또 다른 특징은 수십 개의 크고 작은 암초가 솟아 있다는 점이다. 급조류로 흐르던 물살이 암초에 부딪혀 방향을 잡지 못하고 소용돌이치게 되는 것이다.

조선 수군은 이 울돌목에서 결전을 벌일 계획이었다. 그러나 일본 수군 역시 급류에는 이미 어느 정도 적응되어 있었다. 그들은 오히려 목포 쪽으로 흐르는 북서류를 타고 조선 수군을 격파한 후 명량해협을 통과하여 전라도로 서진할 계획이었다.

특히 구루시마 수군은 원래 해적 출신으로 울돌목 못지않게 조류가 빠른 일본 시코쿠四國의 미야쿠보 지역을 근거지로 했다. 그렇기 때문에 빠른 물살에 익숙한 이들은 명량해협을 무리없이 통과할 수 있으리라 자신했다.

일본 수군은 1592년의 전훈을 참고하여 내륙으로 깊숙이 진격하기 전에 반드시 서해의 해상권과 전라도를 장악하고자 하였다. 이순신이 복귀했다는 것은 알고 있었지만, 13척의 군선만으로는 자신들과 싸울 수 없으리라는 것이 일본 수군의 판단이었다.

이순신과의 전투에서 이미 패배를 경험한 도도도 예외는 아니었다. 칠천량 전투의 승리가 일본 수군의 사기를 드높여준 탓도 있었다. 일본 수군은 압도적인 전력으로 이순신의 수군을 격파할 것을 결의하였다.

한편 이순신도 일본 수군의 기동 보고를 받고 다음과 같은 말로 병사들의 사기를 북돋우고 출정하였다.

"必死則生 必生則死 살고자 하면 죽을 것이요, 죽고자 하면 살 것이다."

그해 10월 25일 일본 수군 200여 척이 순조順潮를 타고 울돌목으로 들어섰다. 그중 70여 척이 입구 쪽에 남고, 구루시마와 도도가 이끄는 133척이 해협으로 진입했다. 이때 해류는 동쪽에서 서쪽으로 흐르고 있었다.

　조선의 군선 13척도 해협으로 들어서서 일본 수군을 맞이했다. 전투가 시작되자 조선 수군 일부가 적의 기세에 밀려 겁을 먹고 뒤로 물러서기 시작했다. 그러나 이순신은 계속 자리를 고수하며 부하들을 독려했고, 중군장 첨사 김응함과 거제도 현령 안위를 다그쳤다. 두 사람의 배가 적을 공격하기 시작하자 녹도 만호 송여종, 평산포 대장 정응두와 멀리 물러나 있던 전라우수사 김억추도 돌격하였다.

　격전의 와중에 대포와 화살에 맞아 일본군 일부가 바다에 빠졌다. 이 광경을 보고 있던 이순신 기함의 항왜 준사俊沙가 "저기 붉은 비단옷을 입은 자가 바로 적장 구루시마다."라고 알렸다.

　이순신은 병사 김돌손을 시켜 즉시 구루시마를 끌어올렸다. 갈고랑쇠에 낚여 배 위로 끌려 올라온 적장 구루시마는 곧바로 참수되었다. 그의 잘린 목이 기함에 높이 걸리자 조선 수군의 사기가 급격히 올라갔다. 반면 전투 중에 지휘관의 목이 효수된 것을 확인한 일본 수군의 사기는 완전히 추락하였다.

　오후가 되자 해류의 방향이 바뀌기 시작하였다. 이번에는 조선 수군에 순조가 되고, 일본 수군에 역조逆潮가 되었다. 일본 수군은 지휘관을 잃은 데다 너무 많은 군함이 좁은 해역에 밀려 들어간 탓에 해류의 영향을 받아 마구 엉키었다.

　조선 수군은 대포격전을 벌였다. 일본군 133척 중 31척이 격침되었고, 나머지 군선도 피해를 입었다. 이로써 일본의 수륙병진 전략은 또 한 번 좌절되었다.

　조선 수군의 승리 요인은 전함과 함포였다. 일본군 전함은 첨저선尖底

船으로 뱃머리가 뾰족하고 판자를 쇠못으로 연결한 아타케부네安宅船였다. 쇠못은 녹이 슬어 부식되기 때문에 배의 안정성에 심각한 문제를 안겨주었고, 충격에 약해 쉽게 파손되었다.

반면 조선군의 전함은 뱃머리가 둥글고 나무못을 사용한 판옥선이었다. 뱃머리가 둥글면 물에 잠기는 부분이 적어 회전이 용이하다. 조선 수군이 일본군의 배를 부수는 돌격전법을 자주 구사했던 것도 이러한 배의 특성 덕분이었다.

함포는 조선 수군에 있어 가장 효과적인 무기였다. 조선 수군은 다양한 종류와 구경의 화포를 사용하였다. 오늘날의 다연장포에 비교할 수 있는 신기전神機箭, 박격포에 해당하는 비격진천뢰飛擊震天雷, 대형 미사일이라 할 만한 대장군전大將軍箭 등 신무기도 많이 사용되었다. 또한 울돌목의 지형을 이용한 이순신의 전략과 병사들의 사기도 승리의 요인으로 들 수 있다.

반면 일본군은 대포가 없었다. 배가 약해서 포의 반동으로 인해 배 밑바닥에 균열이 생길 위험이 있기 때문이었다. 게다가 배의 빠른 속도를 이용한 선상 백병전白兵戰을 선호해 대포보다는 조총이나 창칼 등을 중요시하였다. 이러한 복합적 요인 덕분에 조선 수군은 불리한 여건에서도 일본 수군을 크게 무찌를 수 있었다.

* 1597년 7월 16일 '조선의 삼도수군통제사 원균, 칠천량 해전에서 전사하다' 참조
* 1968년 4월 27일 '충무공 이순신 장군의 동상이 건립되다' 참조

1921년 10월 25일

좌측통행제 실시

 1906년 이후 우리나라에서는 차, 말, 사람이 모두 우측통행을 하였다. 그러나 1921년 10월 25일 새로운 도로통행규칙이 공포되었다. 이 규칙에 따르면 자동차와 사람 모두 일본식으로 좌측통행을 하도록 되어 있었다. 이 좌측통행제는 1946년까지 이어졌다.

 이후 미 군정은 차량 통행을 우측으로 변경했지만 사람의 통행은 그대로 좌측통행으로 두었다. 우리나라 정부도 1961년에 도로교통법을 제정하면서 '보행자는 보도와 차도의 구분이 없는 도로에 있어서는 도로의 좌측을 통행해야 한다.'고 명시하였다. 이 규칙이 관습적으로 모든 통행에 적용되어 우리나라는 도보를 좌측통행으로 하게 되었다.

 그러나 좌측통행은 신체 특성이나 교통안전, 국제관례에 맞지 않는다는 의견이 제기되었다. 국토부의 연구 결과에 따르면 좌측통행은 교통사고에 노출될 가능성이 높고 보행자의 심리적 부담이 증가하며 보행자 간 충돌 우려가 있는 것으로 나타났다.

 반면 우측통행을 하면 보행자가 차를 마주보며 걸을 수 있기 때문에 교통사고가 감소한다. 특히 공항이나 지하철역의 게이트, 건물의 회전문, 횡단보도 등 많은 시설들이 우측통행에 맞게 설치돼 있어 우측통행 시 이용이 훨씬 편리하다.

 국토해양부는 2009년 4월 29일 국가경쟁력강화위원회 전체 회의에서 보행문화를 우측통행 원칙으로 전환한다는 내용의 개선방안을 발표했다. 우측통행을 실시한 이후 보행자들의 보행 속도는 최대 1.7배까지 빨라졌고, 충돌횟수는 7~24%까지 감소하였다.

1986년 10월 25일

한강 유람선 운항 개시

한강 유람선이 1986년 10월 25일 운항을 개시하였다. 한강 유람선은 한강종합개발사업이 완료됨에 따라 내·외국 관광객들에게 한강과 서울의 모습을 널리 알리고 휴식 공간을 제공할 목적으로 도입되었다.

이날 오전 9시 서울 여의도 선착장과 잠실 선착장에서 한강 유람선 새한강 1호와 새한강 2호가 뱃고동을 울리면서 출항하였다. 양쪽 선착장에는 유람선 취항을 구경하려는 시민들이 모여 박수로 출항을 축하하였다.

원래 2개 회사 소속 유람선 8척이 모두 운항될 예정이었으나 세모 측은 선착장 내부 단장 작업이 늦어져 첫날 운항에 참여하지 못하였다.

새한강 1호는 승객이 28명, 새한강 2호는 3명에 불과하였다. 그러나 오후 2시 여의도 선착장을 출발한 무궁화호에는 370명이 탑승하였고, 외국인도 눈에 띄었다.

이후 한강 유람선 선착장은 4곳으로 확대되어 서울의 명물로 자리 잡았다.

1993년 10월 25일

백제 후손인 일본 남향촌 주민 152명 방한

660년 백제가 멸망한 이후 망국의 왕자 한 명이 일본으로 피신하였다. 그 왕자가 누구인지는 정확히 알려져 있지 않다.

그는 일본 미야자키현 남향촌에 둥지를 틀어 백제마을을 가꾸었다. 마을 사람들은 신다이(神門) 신사에 백제 왕을 상징하는 신체(神體)를 모시고 이를 신성시하였다.

1993년 10월 26일 이 남향촌 주민들이 보자기에 싼 신체를 모시고 우리나라를 찾았다. 망명한 백제 왕자의 고국이자 선대 왕들의 무덤이 있는 부여 능산리 고분을 방문하기 위해 온 것이었다. 실로 1,300여 년 만에 이뤄진 고향 방문이었다.

이들은 이곳에서 선대 왕들을 위한 고유제(告由祭)를 지냈다.

* 660년 9월 3일 '백제 의자왕, 당나라로 끌려가다' 참조

10월 26일

1979년 10월 26일

박정희 대통령, 김재규의 총탄에 사망하다

"나는 야수의 심정으로 유신의 심장을 쐈습니다. 나는 민주 회복을 위해 그리한 것이었고, 이 땅의 자유민주주의를 위해 그리한 것이었습니다. 아무 뜻도 없었습니다."

-김재규, 계엄군법회의 최후진술

박정희 정권은 1970년대 들어 위기에 직면하였다. 일단 박정희의 장기집권에 반대하는 대중적 저항과 야당의 선거 약진에서 비롯된 정권 차원의 위기가 심화되었다.

또한 수출주도형 경제개발과 민중배제 정책, 물가상승과 국제수지 약화로 인한 자본 축적의 위기도 심각하였다. 게다가 베트남전쟁으로 인해 기력을 소진한 미국이 닉슨 독트린을 선포하면서 냉전 상태가 일시적으로 이완되자 반공을 기반으로 한 통치 이데올로기까지 위기에 몰렸다.

박정희는 이런 위기를 극복하기 위해 1972년 종신집권을 골자로 한 유신헌법체제를 구축하였지만 오히려 반독재 민주화 투쟁의 불꽃은 더욱 거세게 일어났다. 초강경 폭압정책도 소용없었다.

1978년 12월에 실시된 국회의원 선거에서는 야당인 신민당이 여당인 공화당보다 1.12% 더 높은 득표율을 기록하기도 했다. 불공정한 선거였다는 점을 고려하면 민심이 얼마나 돌아섰는지 한눈에 알 수 있을 정도였다.

1979년 5월 3일 '민주회복'을 주장한 김영삼이 신민당 총재로 당선된 후 정국은 여야격돌로 더욱 경색되었다. 이어 8월 11일 YH사건, 9월 8일 김영삼에 대한 총재직 정지 가처분 결정, 10월 4일 김영삼의 의원직 박탈 등 일련의 사건이 발생함으로써 유신체제에 대한 야당과 국민의 불만이 크게 고조되었다.

그러한 가운데 10월 13일 신민당 의원 66명 전원이 사퇴서를 제출하였다. 그러나 '사퇴서 선별수리론'이 제기되어 부산 및 마산 출신 국회의원들과 그 지역의 민심을 크게 자극하였다. 그 결과 10월 15일에 부마 민주 항쟁이 일어났고, 정부의 폭력적 진압은 또다시 사람들의 분노를 불러일으켰다.

　1979년 10월 26일 중앙정보부장 김재규는 대통령 박정희와 함께 삽교천 방조제 준공식에 참여하려고 하였다. 그러나 대통령 경호실장 차지철은 김재규를 일방적으로 제외시켰다.

　박정희가 준공식에서 돌아오자, 차지철은 김재규에게 전화를 걸어 오후 6시에 서울 종로구 궁정동 청와대 부지 내에 있는 중앙정보부 안가安家로 오라는 박정희의 명령을 전했다.

　김재규는 대통령 비서실장 김계원에게 박정희와 차지철을 죽일 것이라고 알렸다. 박정희와 차지철이 궁정동 안가로 들어오고, 김계원과 김재규도 연회장이 있는 '나'동으로 들어갔다. 김재규는 총을 자신의 바지 주머니에 숨긴 채 박정희와 대면했다.

　이 자리에는 가수 심수봉과 배우 신재순도 함께 있었다. 박정희는 이들과 함께 전통 한국식 만찬 교자상을 앞에 두고 앉아 술을 겸한 저녁 식사를 하였다.

　박정희는 정치 및 경제적인 문제로 인해 벌어지고 있는 민중들의 대규모 소요사태에 적절히 대처하지 못했다는 이유로 김재규를 질타했다. 또한 신민당에 대한 중앙정보부의 온건한 자세도 질타하였다. 평소 학생 시위와 노동자 파업을 보다 확실하게 탄압해야 한다고 주장해 왔던 차지철도 맞장구를 쳤다.

　잠시 나갔다 온 김재규는 연회장 문 앞에서 총을 체크하였다. 그때 차지철이 나타났으나 총은 보지 못하였다. 차지철이 경호원들에게 갔다가 연회장에 다시 들어왔을 때는 심수봉이 노래를 부르고 있었다.

　차지철이 들어오자 김재규는 다시 나가 중앙정보부장 수행비서 박흥주와 중앙정보부 의전과장 박선호를 불러 이렇게 말하였다.

"나는 각하와 차지철을 죽일 것이다. 박선호 너는 정인형과 안재송을 처단하고, 박 대령은 경비원들과 함께 주방의 경호원을 모두 없애라. 이것은 혁명이다!"

그리고 김재규가 다시 돌아왔을 때 신재순이 심수봉의 반주에 맞춰 「사랑해」라는 노래를 부르고 있었다. 그때 김재규가 갑자기 총을 꺼내 쏘았다. 총알은 차지철의 팔에 맞았고 김재규는 박정희의 가슴을 향해 다시 총을 쐈다. 그 총소리를 신호로 박선호는 대통령 경호부처장 안재송과 대통령 경호처장 정인형을 차례로 쏴 죽였고, 중앙정보부장 수행비서 박흥주 역시 경비원들과 같이 주방에 있던 경호원들을 죽였다.

김재규가 총구를 다시 차지철에게 조준하였으나 총이 작동되지 않았다. 그리고 정전이 되었다. 김재규는 연회장을 빠져나가 1층 로비에서 박선호와 총을 맞바꿨다.

다시 돌아온 김재규는 차지철과 약간의 실랑이를 벌이다가 차지철의 배를 향해 총을 쐈다. 차지철은 그대로 엎어졌다.

김계원은 연회장 대기실에서 사건을 지켜봤다. 그는 국군 서울지구병원으로 가서 박정희를 살려내기 위해 노력했다. 그러나 박정희는 이미 숨이 끊어진 후였다.

김계원은 청와대로 들어와 국무총리 최규하에게 박정희의 저격범은 김재규라고 말하였다. 김재규는 10월 27일 체포되었다. 이후 김재규는 보안사령부 서빙고 분실에서 가혹한 고문과 수사를 받았다.

김재규는 단지 민주주의를 위해 박정희를 쏘았다고 말하였다. 하지만 유신체제가 더 이상 지속될 수 없는 정치적 위기상황 속에서 박정희 대통령과 차지철이 강경노선을 채택하자 위기감을 느낀 김재규가 이들을 살해한 것으로 파악된다.

1980년 5월 20일 군법회의에서 김재규는 '내란목적 살인'이라는 죄목으로 사형 선고를 받았고 5월 24일에 서울구치소에서 교수형을 당하였다. 10·26 사건이라 불리는 이 저격 사건으로 박정희의 군사독재가 무너지게 되었다.

10·26 사건은 김재규가 일으켰지만, 유신체제와 1인 장기집권으로 인한 대내외적인 모순이 심화되었던 데 근본적인 원인이 있었다.

* 1979년 8월 11일 '경찰, YH 무역 농성 여공 172명을 강제 해산하다' 참조
* 1979년 10월 4일 '김영삼 신민당 총재, 국회의원직에서 제명당하다' 참조
* 1979년 10월 16일 '부마 민주 항쟁 발생' 참조
* 1979년 10월 26일 '삽교천 방조제 준공' 참조

1909년 10월 26일

안중근, 이토 히로부미를 저격하다

장부가 세상에 처함이여 / 그 뜻이 크도다.

때가 영웅을 지음이여 / 어느 날에 과업을 이룰고.

등불이 점차 차가워짐이여 / 장사의 의기는 뜨겁도다.

분기하여 한번 지나감이여 / 반드시 목적을 이룰지어다.

쥐도적 이토여 / 어찌 즐겨 목숨을 비길고.

-안중근, 「장군가丈夫歌」

안중근은 1879년 황해도 해주에서 성균관 진사인 안태훈의 장남으로 태어났다. 안중근은 어려서부터 할아버지의 사랑을 받으며 사서삼경과 조선사와 같은 책을 읽는 한편 말타기나 사격술 등의 무예를 익히는 데도 열중했다.

이후 안중근은 황해도의 여러 지역을 돌아다니며 선교 활동을 벌이다가 1905년 을사조약으로 나라의 주권이 강탈되자 중국 상하이로 건너가 구국의 방도를 모색하였다. 그러나 이곳 천주교당에서 우연히 만난 르각 신부에게 교육의 중요성을 듣고 깨달은 바가 있어 귀국하였다.

하지만 계몽운동의 한계를 느낀 안중근은 군대가 해산돼 의병활동이 확산되자, 연해주로 날아가 본격적으로 독립투쟁에 뛰어들었다. 그리하여 블라디보스토크에서 의병부대를 창설하였다. 이들은 두만강을 건너 경흥 등지에서 몇 차례 일본군을 공격해 승리를 거두기도 했다.

1909년 안중근은 뜻을 함께 하는 동지들과 왼쪽 손가락을 잘라 '단지 동맹'을 맺었다. 그러던 중 추밀원 의장 이토가 러시아 재무대신 코코프체프와 만주·조선 문제를 놓고 하얼빈에서 만난다는 사실을 알게 되었다.

그는 동지 우덕순·조도선·유동진 등 3인과 함께 이토를 암살하기로 하였다. 완벽한 거사를 위해 하얼빈 역은 안중근이 맡되 만일에 대비해 기차가 정차하는 채가구 역은 우덕순과 조도순이 맡기로 했다.

드디어 기다리던 1909년 10월 26일이 되었다. 그러나 채가구에서 거사를 준비하던 우덕순 조는 이들의 행동을 수상하게 여긴 러시아 경비병에 의해 감금되고 말았다.

이토를 실은 기차는 예정보다 늦은 10시경 하얼빈 역에 도착했다. 코코프체프와 약 30분간 차내에서 회담을 마친 이토는 기차에서 내렸다.

그리고 환영 나온 하얼빈 주재 각국 외교사절과 인사를 나누고 러시아 의장대를 사열하였다.

바로 그때였다. 러시아 의장대 뒤에서 몸을 숨기고 있던 안중근의 8연발 권총이 불을 뿜었다. 세 발의 총탄은 정확히 이토의 가슴과 복부에 명중되었다. 이토는 열차로 옮겨졌지만 30분 후 숨이 끊어졌다.

안중근은 이토가 쓰러지는 것을 보고 "대한독립 만세"를 세 번 외친 후, 혁명가를 부르다가 러시아 헌병대에게 체포되었다. 안중근의 행동은 이토 개인에 대한 테러가 아니라 대한제국이라는 한 국가를 유린한 침략국 일본에 대한 응징이었다.

체포된 안중근은 일제의 손에 넘어가 심문을 받고 뤼순 감옥에 수감되었다. 이곳에서 그는 1910년 3월 순국했다. 비록 안중근의 거사가 '한일병합'을 저지하지는 못했지만 그래도 조선이 마지막까지 살아있다는 것을 세계에 보여 주었다.

* 1879년 9월 2일 '항일 독립 투사 안중근 출생' 참조
* 1906년 3월 2일 '초대 통감 이토 히로부미, 경성 도착' 참조
* 1909년 3월 2일 '안중근, 단지 동맹 결성' 참조
* 1910년 3월 26일 '안중근, 뤼순 감옥에서 순국하다' 참조

1374년 10월 26일

고려 공민왕이 피살되다

공민왕은 1330년 충숙왕의 둘째 아들로 태어났다. 그는 그때의 다른

고려 왕들처럼 원나라에서 자랐다.

공민왕은 대표적인 개혁 군주로 원에 대해 독립적인 정책들을 펼쳤다. 즉위하자마자 몽골 연호와 관제를 철폐했으며 정동행성征東行省을 혁파하였다. 원나라 기황후만 믿고 기고만장하던 기철 일파도 척결하였다.

또한 원나라가 정치 불안 등으로 쇠퇴하자 공민왕은 몽골식 복장과 머리 모양을 폐지하고 친원파를 숙청하였다. 게다가 원나라에 빼앗긴 영흥 일대를 되찾는 등 일련의 반원 정책을 추진하였다.

대내적으로는 신돈을 등용해 전민변정도감田民辨整都監을 설치하였다. 전민변정도감은 논밭과 노비에 관한 행정을 정비하기 위해 설치된 특별기관이었다. 무신정권 이후 토지를 마음대로 겸병하고, 양민을 노예로 삼으며 탈세를 일삼는 고려의 권세가와 친원파들을 척결하는 것이 목적이었다.

신돈은 탈·불법적으로 점유된 토지와 노예에 대해 개경에서는 15일, 지방에서는 40일 안에 자진신고하게 하였다. 토지는 원주인에게 돌려줘서 국가의 수조권이 닿게 했고 노예는 자신들 뜻대로 행보를 결정하게 했다.

그러나 신돈은 최영, 이성계 등의 신흥무장세력은 물론 유교를 바탕으로 성장하기 시작한 신진사대부 계층과도 물과 기름처럼 지냈다. 결국 공민왕은 1371년 신돈을 처형하였다. 그리고 왕비인 노국 공주마저 죽자 공민왕은 중심을 잃기 시작하였다.

이후 그는 귀족 집안의 잘생긴 자제들로 구성된 '자제위'라는 기관을 설치하였다. 그런데 자제위의 홍륜이 익비를 임신시키는 사건이 발생하였다. 이 사건을 조용히 처리하기 위해 1374년 10월 26일 공민왕은 익비의 임신 사실을 고자질한 최만생과 홍륜을 다 죽이려 하다가 거꾸로 침실에서 자기가 죽음을 당하였다.

　고려 말 마지막 불꽃을 태우며 자주적 대외정책과 대내 개혁을 실시했던 공민왕은 이렇게 허망하게 생을 마쳤다.

* 1365년 2월 16일 '노국 공주 사망' 참조

1979년 10월 26일

삽교천 방조제 준공

　삽교천 하구에는 길이 3,360m, 최대 너비 168m, 높이 12~18m의 인공 담수호가 있다. 이는 당진, 아산, 예산, 홍성 등 4개 시·군 22개 면에 이르는 삽교천 유역을 전천후 농토로 개발하기 위해 계획된 사업이었다.

　이 지역은 넓은 평야와 간석지 등을 포함하고 있으면서도 농업용수를 확보하지 못하여 한수해旱水害를 자주 겪어왔다. 또 하구에서 흘러드는 바닷물로 유역 일대가 염해鹽害와 해식海蝕에 시달렸다.

　이와 같은 악순환을 근본적으로 해결하기 위하여 저수량 8,400만의 삽교호가 건설된 것이다. 1976년 12월에 착공하여 1978년 3월 최종 물막이 작업에 성공하고 1979년 10월 26일 완공하여 준공식을 가졌다.

　삽교천 담수호로 4개 시·군의 관개용수가 해결되었다. 또한 개간과 간척으로 인해 농지가 약 5,000ha로 확대되면서 식량 증산과 경제작물 재배로 농가소득이 증대되었다.

　그 밖에 공업·생활용수를 하루 4만 8000t까지 공급할 수 있게 되었다. 또한 서울-당진 간 육로 거리가 40km나 단축되었다.

10월 27일

1980년 10월 27일

10 · 27 법난이 일어나다

1. 공직자와 사회지도층 정화
2. 경제계와 공직자 추가 정화
3. 종교 · 언론 등의 분야 정화

-3단계 사회정화계획

국가보위비상대책위원회(국보위)는 1980년 6월 3단계 사회정화계획을 추진하였다. 이 3단계 계획에 따라 국보위의 수사지시를 받은 계엄사령부 합동수사본부 산하 합동수사단은 불교계 정화를 추진한다는 계획을 수립하였다.

이에 따라 10월 27일에 조계종 승려 등 불교계 인사 153명을 강제로 연행하고, 국군과 경찰 병력 3만 2,000여 명을 투입해 전국의 사찰과 암자 5,731곳을 수색하였다. 불교계는 이 사건을 불교계에 대한 탄압으로 규정하고 '법난法難'이라고 불렀다.

합동수사단은 수색 과정에서 군화를 신은 채로 법당에 들어가고 승려들의 거처에 난입하였다. 심지어 승려들을 절 마당으로 집합시켜 노래나 구호를 시키는 등 공포 분위기를 조성하기도 하였다.

합동수사단은 승려들을 연행한 후에 승복을 군복으로 갈아입혔다. 승복을 벗기는 것은 대부분의 승려들에게 그 자체가 수치이자 고통이었다. 또한 일부 승려의 경우에는 수사 과정에서 수사관들에게 구타는 물론이고 손가락 사이에 볼펜 넣고 조이기, 허벅지에 각목 넣고 밟기 등의 고문을 받았다. 심지어 전기고문까지 당한 승려도 있었다.

합동수사본부는 불교계 수사와 관련하여 10월 28일과 11월 14일에 대국민 성명을 발표하였다. 이 발표에 따르면 불교계가 200억 6,000만 원을 부정 축재하였다는 것이다. 이들은 관련자 17명을 구속 후 형사입건하고 32명은 종단에 위임해 징계하겠다고 밝혔다. 3명은 삼청교육대에 보내졌고, 24명은 흥국사에 60일 동안 연금되었다.

신군부가 이 사건을 일으킨 동기는 명확히 밝혀지지 않았다. 당시 조계종 총무원장 월주가 전두환 지지 성명에 반대하고 5·18 광주 민주화 운동 현장을 방문하여 성금을 전달하는 등 신군부에 밉보인 것이 원인이라는 해석이 있다.

사건 당시 계엄사령부는 다음과 같이 발표하였다.

"불교계가 사이비 승려와 폭력배들이 난동·발호하는 비리 지대로서 자력으로는 갱생의 힘이 없는 것으로 판단하였다. 따라서 사회정화 차원에서 철퇴를 가한다."

그러나 불교계는 이 사건이 '한국 불교계의 치욕'이자 '신군부의 정치적 시나리오에 불교계가 무참히 짓밟힌 사건'이었다고 주장하였다. 불교인권위원회와 조국평화통일불교협의회는 2005년에 공동으로 '10·27 불교법난 대책위원회'를 구성하고 진상규명을 요구했다.

노무현 정부가 들어선 후 2007년에 대한민국 국방부 과거사진상규명위원회는 이 사건을 '국가권력 남용 사건'으로 규정하였다. 이를 계기로 '10.27 법난 피해자 명예회복 심의위원회'가 구성되었다.

2008년 3월에는 「10·27 법난에 대한 피해자의 명예회복 등에 관한 법률」이 공포되었다. 10·27 법난과 관련하여 피해를 입은 자와 불교계의 명예를 회복시켜 줌으로써 인권신장과 국민화합에 이바지하는 것을 목적으로 한 법률이었다.

그러나 사료관 건립 등이 배제되어 국방부가 피해 당사자인 불교계의 의견을 반영하지 않았다는 의견이 나왔다. 또한, 이명박 정부의 불교 홀대 논란과 맞물려 불교계의 반발을 샀다. 조계종의 '10·27 법난에 대한 특별법 제정 추진위원회'는 특별법 시행령에 대해 항의하고 온전한 시행령을 제정할 것을 요구하였다.

그러나 2012년 현재까지도 10·27 법난에 대한 진상 규명과 피해자들의 명예 회복은 제대로 이루어지지 않고 있다.

1915년 10월 27일

분황사 석탑 보존공사 중에 유물이 담긴 돌상자를 발견하다

우리나라의 유명한 사찰에서는 거의 어김없이 석탑들을 만날 수 있다. 이 때문에 석탑이 불교국가의 공통적인 유산이라고 생각하기 쉬우나 사실은 우리나라 고유의 양식이다.

탑이란 본래 부처의 진신사리를 모시기 위해 만들어진 것이다. 불교가 인도에서 동쪽으로 전래되면서 각국의 풍토에 맞는 탑이 형성되었다. '중국은 전탑의 나라, 한국은 석탑의 나라, 일본은 목탑의 나라'라는 표현은 그래서 생겨난 것이다.

우리나라의 석탑은 목탑 형식으로 지어진 익산 미륵사지 석탑에서 출발한다. 이후 한반도의 사찰은 사실상 거의 석탑으로 도배되다시피 하였다.

신라에서 처음 만들어진 석탑은 경주에 있는 분황사 석탑이다. 그런데 이 석탑은 멀리서 보면 꼭 벽돌로 쌓은 전탑塼塔처럼 보인다. 그러나 분황사 석탑은 돌을 하나하나 벽돌 모양으로 깎고 다듬어서 만든 석탑이다. 그래서 '전탑을 모방한 석탑'이란 의미의 '모전석탑模塼石塔'으로 불린다. 현재 분황사 석탑은 미륵사지 석탑처럼 윗부분은 어디론가 사라지고 아래 3층만이 남아 있다.

황룡사와 담장을 맞대고 있는 분황사는 선덕여왕 3년(634)에 건립되었다. 당시 신라인들이 '석가모니 이전 세상에서 서라벌에 있던 7군데 절터의 하나'로 여길 만큼 중요한 사찰이었다. 백제의 침공으로 고통을 겪던 시기에 지어져 부처의 힘으로 위기를 극복해 보려는 목적을 담고 있었을 것이다. 분황사 석탑도 분황사 창건과 함께 건립된 것으로 보고 있다.

분황사 석탑은 기단의 한 변이 13m로 탑신 쪽으로 갈수록 경사가 급해진다. 크기가 서로 다른 막돌로 쌓은 기단 위에는 화강암으로 조각한 동물 한 마리씩을 네 모퉁이에 배치하였다. 동해를 바라보는 쪽에는 물개를, 내륙 쪽에는 사자를 두어 왜구와 중국으로부터의 보호를 기원했다.

1층 탑신 사방에는 입구가 열려 있는 감실(작은 불상 등을 모셔두는 곳)을 만들고 그 양쪽에 인왕상을 세워 놓았다. 감실은 목탑 양식을 흉내낸 것이다. 부드러우면서도 힘이 넘치는 인왕상은 7세기 신라의 조각양식을 잘 보여 준다.

일본은 외적의 침입을 받지 않아 목탑도 잘 보존되었지만 우리나라는 숱한 전쟁으로 석탑마저도 온전히 보전하기가 힘들었다. 분황사 석탑도 임진왜란 때에 반쯤 파괴되었다. 그 후 분황사 승려가 이를 수리하려다 오히려 더 크게 허물어뜨렸다고 한다.

1915년에 이르러 일제가 해체와 수리를 시도했지만 원형을 제대로 복원하지는 못하였다. 그런데 10월 27일에 탑을 해체하면서 2층과 3층 사이에 잠들어 있던 돌상자를 발견했다. 상자를 열자 사리장엄구가 나왔는데, 여기에는 병 모양의 그릇, 은합, 금은제 바늘과 침통, 가위 등이 들어 있었다. 뿐만 아니라 상평오수와 숭녕통보 등 고려시대의 중국 주화도 발견돼 고려 숙종~예종 무렵에 이 탑이 손질되었음을 알 수 있다.

1981년 10월 27일

원효대교 준공

1978년 7월에 착공해 1981년 10월 27일에 준공된 원효대교는 용산구 원효로에서 영등포구 여의도 사이를 잇는 다리이다. 원효대교 건설 이후 여의도와 흑석동 방면에서 강북으로 향하는 교통량이 분산되었다.

폭 20m, 총 길이 1,470m로 한강 다리 중에서 13번째로 길다. 우리나라 최초로 특수 콘크리트를 이용한 비바닥 공법으로 지어졌다. 소음과 공해를 방지하기 위한 방음벽도 설치되어 있다.

준공식 당시 전두환 대통령이 테이프 커팅을 하고 1,470m를 시범주행하였다.

10월의
모든 역사

10월 28일

1986년 10월 28일

건대항쟁이 일어나다

'오리라. 이 땅 한반도에 피 끓는 투쟁이 있는 한 해방의 그날은 오리라. 해방의 그날을 위해 최후의 일인까지 최후의 일각까지 핏빛 눈초리로 적들을 응시하며 흐르는 피를 씻어 주고 서로를 사랑하는 처절한 마음으로 적들에게 분노의 화살을 박자.'

-건국대학교 사회과학관 벽서

한때 '스튜던트 파워student power'라는 말이 세계를 휩쓸던 시절이 있었다. 말 그대로 학생들이 어떤 운동의 핵심이 되어 사회 개혁 등을 주도하는 것을 말한다.

아마 우리나라만큼 스튜던트 파워를 실감했던 나라도 드물 것이다. 일제강점기의 항일운동부터 광복 이후 독재정권과의 투쟁에 이르기까지 그 선봉에는 언제나 학생들이 있었다. 하지만 '민주주의는 피를 먹고 자란다'는 말처럼 그만큼 학생들의 희생도 컸다. 1986년 '건대항쟁' 당시에는 무려 1,295명의 학생들이 구속되어 기네스북에 올랐을 정도이다.

1986년 10월 28일 아침, 건국대학교 교정은 붉게 물들어 가는 단풍과 마침 전시 중이던 국화가 어우러져 늦가을의 정취가 물씬 풍겼다. 시간이 흐르면서 교내 곳곳에 삼삼오오 몰려다니는 학생들의 모습이 눈에 띄게 늘어났다. 워낙 시국이 수상하던 때라 학교 측은 이상한 낌새를 눈치채고 급히 경찰에 연락하였다.

사실 이들은 건국대학교 학생들이 아니라 전국 29개 대학에서 모인 학생들이었다. 하지만 웬일인지 경찰은 팔짱만 끼고 앉아 전혀 손을 쓰지 않았다. 여기에는 사실 다른 꿍꿍이가 있었다. 바로 투망작전으로 한꺼번에 몰아서 잡겠다는 의도였다.

12시 무렵이 되자 잠잠하던 경찰이 움직이기 시작하였다. 이들은 먼저 건국대학교 정문과 후문을 철망이 쳐진 경찰버스로 단단히 봉쇄하였다. 이미 이날 오후 1시에 민주광장에서 '전국 반외세·반독재 애국학생투쟁연합(애학투련)'이 출범한다는 정보를 입수하였던 것이다.

1시가 되자 전국에서 모여든 2,000여 명의 학생들이 행사를 시작하였다. 행사 후반부에 학생들은 전두환 정권을 지지하는 미국의 레이건 대통령과 일본의 나카소네 총리의 모형을 만들어 화형식을 하려고 하였다. 이때 1,500여 명의 경찰들이 불시에 달려들어 최루탄을 마구 쏘아댔다. 광장은 순식간에 아수라장으로 돌변했다.

학생들은 돌과 화염병을 던지며 경찰에 맞섰지만 상대가 되질 않았다. 할 수 없이 학생들은 최루탄을 피해 본관·중앙도서관·학생회관 등으로 피신하였다. 이어 캐비닛과 책상 등으로 출입구를 막고 경찰의 진입을 저지하였다.

하지만 경찰은 건물 안으로 최루탄을 발사하였다. 실내에 최루가스가 가득 차자 학생들은 유리창을 모두 깨버렸다. 경찰은 재빨리 건물을 포위하고 철통같은 경계에 들어갔다. 학생들은 꼼짝없이 건물에 갇히고 말았다. 전혀 의도하지 않은 농성이 시작된 것이었다.

학교 측은 경찰의 철수를 요구하였고, 학생들은 안전한 귀가를 보장하면 스스로 해산하겠다는 의사를 밝혔다. 그러나 정부는 이 모든 제의를 거부하였다. 학생들을 '좌경용공'으로 몰아 민주세력을 탄압하고 정국을 주도하려는 속셈이 있었기 때문이다. 날이 저물면서 기온이 뚝 떨어지자 학생들은 추위에 오들오들 떨었다. 경찰은 병력을 증원해 학생들을 더욱 옥죄었다. 언론은 이들을 '친북공산혁명분자'로 몰아서 더욱 세상과 고립시켰다.

이튿날 건국대학교는 휴교에 들어갔다. 경찰은 학생들이 있는 건물에 전기와 물을 끊었다. 학생들은 라면 하나를 6명이 나누어 먹으면서 허기를 달랬다.

드디어 10월 31일, 경찰은 '황소 31 입체작전'이라 불리는 대규모 진압작전에 들어갔다. 이때 동원된 병력만 8,500명에 이르고 헬기까지 띄워 학생들을 압박하였다. 교정은 마치 포연이 자욱한 전쟁터를 방불케

했다. 곳곳에서 비명이 터져 나왔다.

나흘 동안의 농성으로 지칠 대로 지친 학생들은 하나둘씩 건물에서 끌려 나왔다. 상황은 90분 만에 끝났다. 모두 1,525명이 연행되었고 그 중에서 1,295명이 공산혁명분자로 몰려 구속되었다.

이로써 학생운동은 궤멸된 것처럼 보였다. 그러나 이들은 불과 8개월 후 '6 · 10 민주화 항쟁'으로 전두환 정권에 결정타를 날렸다. 정부의 억압이 심해지면 심해질수록 학생들의 저항은 그 이상으로 강해졌던 것이다.

* 1987년 6월 10일 '6 · 10 민주화 항쟁이 일어나다' 참조

1999년 10월 28일

고문 기술자 이근안이 자수하다

1999년 10월 28일 수배 중이던 이근안이 수원지방검찰청 성남지청에 자수하였다. 수배된 지 12년 만이었다.

이근안은 1970년 경찰 공무원에 채용되어 순경으로 임용되었다. 그는 사기꾼, 도박사범, 마약사범 등을 여러 명 검거하여 실적을 쌓고 능력을 인정받았다.

이후 경찰청 대공분실 형사로 전보되었고 1970년대 후반에 대공분실장으로 승진하였다. 이때 재야 인사 및 운동권 학생들을 고문하는 등의 악행을 일삼았다. 1979년 간첩 용의자가 현대중공업에 입사하자 김철수라는 가명으로 위장 취업하여 검거에 성공하기도 하였다.

그는 간첩 용의자와 야당 인사, 민주화 운동가들을 감시하고 체포하기 위해 엿장수, 강냉이 장수 등으로 변장하여 활동하였다. 그 덕분에 성실 근무로 청룡봉사상과 근정훈장 등을 수상하였다. 그 후 경기도 경찰청 공안분실장으로 부임하여 많은 사람들을 불법 체포하였다.

그는 범인 취조 과정에서 잔인한 고문을 행한 것으로 유명하였다. 관절 빼기, 볼펜심 꽂기 등의 악랄한 고문 수법 때문에 '고문 기술자'로 불렸다. 1981년에는 전노련 사건을 수사하여 관련자 전원을 불법 체포하기도 하였다. 1986년 경찰의 날에는 대통령 전두환으로부터 옥조근정훈장을 수여받았다.

1987년에 제5공화국이 붕괴되고 수감된 일부 야당 인사와 학생 운동가들이 석방되면서 그의 고문 행위를 고발했다. 이것이 일파만파 퍼지자 이근안은 1988년 스스로 경찰관직을 사퇴하였다.

그의 퇴직 이후 여러 차례 공소가 제기되어 경찰은 그를 공개 수배하였다. 그러나 10년이 넘도록 집 근처 창고 뒤에 은신하고 있던 이근안은 1999년이 되어서야 수원지방 검찰청 성남지청에 자수하였고, 11월에 구속 기소되었다. 그리고 2000년 9월, 대법원에서 징역 7년과 자격정지 7년이 확정되었다.

이근안은 2006년에 경기도 여주군 여주 교도소에서 7년의 형기를 마치고 출소하였다. 이근안은 출소 당시 다음과 같이 말하였다.

"사회에 물의를 일으켜 죄송합니다. 그 시대에는 애국인 줄 알고 했는데 지금 보니 역적이었습니다."

옥중에서 통신 과정으로 신학 공부에 매진하였던 이근안은 한때 모범수로 지목되기도 하였다. 출소 후 이근안은 2008년에 대한예수교장로회 산하 한 분파의 목사 임직식에서 목사 안수를 받고 정식 목사가 되었다.

하지만 이근안은 목사 활동 중 자신의 고문 활동이 애국이라고 주장하는 등의 발언으로 논란을 빚었다. 대한예수교 장로회 합동개혁총회는 결국 2012년 1월 이근안을 목사직에서 면직하는 결정을 내렸다.

2000년 10월 28일
강원랜드 개장

1989년 석탄산업 합리화 조치 이후 1993년 함태탄광과 강원탄광이 폐광되자 주변 지역 경제는 급속히 몰락하였다. 먹고 살 길이 막막해진 태백시민 1만여 명과 인근 정선군 주민들은 그해 7월 생존권 찾기 궐기대회를 갖는 등 정부에 대책 마련을 촉구하였다.

대정부 투쟁의 강도가 점점 높아지자 결국 1995년 정부는 개발촉진지구 지정 및 석탄 생산량 170만 유지 등의 내용이 담긴 합의문을 도출하고 「폐광지역 개발지원에 관한 특별법」을 제정하였다. 강원랜드는 이 법을 근거로 1999년에 착공되었다.

강원랜드는 총 사업비 615억 원을 들여 슬롯머신 480대, 게임테이블 30대를 갖춘 국내 최대 규모의 카지노로 건설되었다. 2000년 10월 28일 정선군 고한읍에 스몰 카지노호텔 개장을 시작으로 강원랜드는 2001년 코스닥 상장, 2003년 메인 카지노호텔 개장 및 거래소 상장, 2005년 골프장 개장, 2006년 스키장·콘도 개장 등 성장세를 이어 왔다.

2009년까지 약 7,580억 원이 폐광지역 경제 활성화에 사용되었다. 지역주민 우대 정책으로 4,200여 명의 강원랜드 직원 중 약 62%인 2,600여 명이 폐광지역 주민이다. 강원랜드는 또한 외국 관광객 유치로 외화 획득과 함께 관광산업 활성화에도 한몫을 하였다. 그 밖에 사회공헌위원회와 강원랜드 복지재단 등을 통한 사회 환원 사업을 꾸준히 하고 있다.

그러나 부작용도 많았다. 도박중독 상담자가 매년 늘고 있고, 내부 직원들이 수십억 원을 횡령하는 사건도 발생하였다.

강원랜드는 아시아 최고의 사계절 종합리조트 조성을 2012년 비전으로 선포하였다. 컨벤션 호텔, 콘도 증축, 워터파크, 카지노 환경개선, 단지 경관 개선 등이 주요 사업이다.

414년 10월 28일

고구려의 장수왕, 광개토왕비 건립

광개토왕비는 414년 10월 28일에 장수왕이 아버지 광개토왕의 업적을 기념하기 위해 건립하였다. 높이 6.39m, 너비 1.5m, 두께 1.53m로, 응회암 재질의 사면석비四面石碑이다. 일명 '호태왕비好太王碑'라고도 한다.

받침돌 없이 비신碑身만 있는 것이 특징이다. 네 면에 걸쳐 1,775자가 예서체로 새겨져 있다. 고구려의 역사와 광개토왕의 업적이 주된 내용이며, 고구려사 연구에 있어 중요한 사료이다. 또한 전한前漢 예서의 서풍으로 기록되어 있어 금석문 연구에도 좋은 자료가 된다.

이 비석은 청나라의 만주에 대한 봉금령이 해제된 후인 1880년경 중국 길림성에서 발견되었다. 1927년에는 2층으로 된 비각碑閣이 만들어졌다. 비석은 대체로 세 부분으로 나뉜다. 1면 1행에서 6행까지는 고구려의 건국부터 광개토왕까지의 역사를 다루고 있다. 광개토왕의 정복 전쟁을 기술한 부분은 1면 7행부터 3면 8행까지이다. 능비의 건립 및 수묘인守墓人에 관한 마지막 부분은 3면 8행부터 4면 9행까지이다. 현재의 비각은 1980년대에 새로 만든 것이다.

비석이 발견된 후 여러 서예가나 금석학자들이 탁본을 만들었다. 이 과정에서 보다 정교한 탁본을 만들기 위해 불로 비석 표면의 이끼를 제거하는 바람에 비면의 일부가 훼손되었다. 또한 석회를 발라 비면을 손상시킴으로써 이후 논란을 불러일으켰다.

10월 29일

1801년 10월 29일

황사영 백서 사건이 발생하다

저희 죄인들은 또한 위태로움에 임하여 목숨을 버려 스승과 함께 주님의 은혜에 보답하지 못하였으니, 다시 무슨 면목으로 붓을 들어 우러러 호소하겠습니까? 다만 엎드려 생각하건대 성교가 뒤집혀 엎어질 위험이 있고, 백성이 박해에 걸려 죽을 고통 속에 있는데도 자애로운 아버지를 잃어 붙들고 호소할 데도 없으며, 어진 형제는 사방으로 흩어져서 모든 것을 헤아려 주관할 사람이 없습니다. 각하께서는 은혜로운 부모를 겸하셨고, 의리로는 사목의 무거운 책임을 지셨으니, 반드시 저희들을 불쌍히 여기시고 구원해 주실 수 있을 것입니다. 이 지극한 괴로움에 저희는 장차 누구를 불러야 하겠습니까. 이에 감히 박해의 전말을 대략 아뢰고자 합니다.

-황사영 백서

1775년에 태어난 황사영은 정약용의 조카사위이기도 하다. 1791년에 이승훈에게 얻은 천주교 서적을 통해 천주교 신자가 되었다.

　신유박해를 피해 충청북도 제천의 한 토굴에 숨어 있던 황사영은 1801년 10월 29일 조선 천주교의 어려운 사정을 청나라 교회에 알리기 위해 백서를 썼다. 그러나 이것이 발각되는 바람에 체포되었다.

　두 자 길이의 명주 천에 썼기 때문에 백서帛書라고 한다. 깨알같이 작은 1만 3,311자의 한문으로 기록되어 있다. 내용은 크게 세 부분으로 나눌 수 있다.

　먼저 당시의 천주교 교세와 중국인 주문모周文謨 신부의 활동, 신유박해 사실과 이때 죽은 순교자들의 약전略傳에 대해 기록되어 있다. 주문모 신부의 자수와 처형 사실이 다음 내용이다. 마지막으로 조선의 실정과 이후 포교하는 데 필요한 방안이 기록되어 있다.

　황사영은 이것을 베이징에 머물고 있는 구베아 주교에게 전달할 계획이었으나 뜻을 이루지 못하였던 것이다. 그리고 황심 등과 함께 체포된 뒤 11월에 대역죄인으로 능치처참을 당하였다. 이 사건 이후 천주교에 대한 박해는 한층 가혹해졌다.

　종교의 자유를 확보하기 위해 외세를 끌어들이려 했다는 점에서 '황사영 백서'는 비난의 대상이 되기도 하였다. 그러나 이 백서가 교회의 평등주의라는 원칙과 당시 조선사회에 미친 혁명적인 영향은 무시할 수 없다. 또한 우리나라의 천주교 역사 연구를 위한 귀중한 자료이기도 하다.

　황사영이 체포될 당시 의금부에 압수당했던 백서 원본은 갑오경장 때 발견되어 서울 주교로 있던 뮈텔 대주교에게 전달되었다. 이후 뮈텔은 1925년 한국 순교복자 79위의 시복諡福 때 교황 피우스 11세에게 이 백서를 바쳤다.

2012년 현재 황사영 백서는 로마 교황청 민속박물관에 소장되어 있다.

1992년 10월 29일

종말론 파동이 일어나다

'휴거携擧'라는 말은 다미선교회 목사 이장림이 1978년에 어니스트 앵글리의 소설『Raptured』를 번역하면서 처음 사용하였다. '광희의' '황홀한'이라는 뜻의 raptured를 의역하여 만들어 낸 단어였다.

이장림은 1987년에『다가올 미래를 준비하라』라는 예언서를 내면서 시한부 종말론을 주장하였다. 그 내용은 1992년 10월 29일 0시에 휴거 현상이 나타나고, 1999년에 지구에 종말이 온다는 것이었다.

이후 종말론에 세뇌되어 학업이나 생업을 그만두거나 재산을 교회에 바치는 맹신도들이 생겨나기 시작하였다.

일례로 철도공무원이 시한부 종말론의 설교 테이프를 열차 안에서 틀다가 해직된 사례도 있었다. 이 철도공무원은 퇴직금마저 교회에 헌납한 후 두 자녀를 데리고 잠적해 버렸다.

서울시 마포구에서는 30대 주부가 중학교 1학년 아들을 데리고 경남지역에서 선교를 하겠다고 가출하는 사건도 있었다. 1991년 1월에는 전라남도 강진에 사는 여고생이 부모가 교회에 나가지 못하게 했다는 이유로 음독자살하는 사건까지 벌어졌다. 그 밖에도 경찰이 확인한 종말론 관련 사건들은 100여 건에 달하였다.

1992년 9월에 이장림은 사기 및 외환관리법 위반 혐의로 구속되어 징역형을 선고받았다. 그리고 10월 29일에 이장림이 주장하였던 휴거는 일어나지 않았다. 그러자 전문가들의 우려와 달리 대부분의 신도들은 그저 허탈한 표정으로 귀가하였다.

다미선교회의 해외선교부장이었던 장만호는 서울구치소에 수감된 이장림을 면회한 뒤 신문에 사과 광고문을 냈다.

그 후 다미선교회는 11월 3일에 마지막 예배를 지낸 후 폐쇄되었다. 그러나 같은 달 11월 22일에 바로 예배가 재개되었다.

* 1992년 9월 24일 '다미선교회 이장림, 사기 혐의로 구속' 참조

1992년 10월 29일

『즐거운 사라』의 작가 마광수, 음란문서 유포 혐의로 구속되다

"우리 위원회는 문제의 소설이 사회의 건전한 도덕성을 파괴하고 미풍양속을 저해할 뿐만 아니라 나아가서는 가치 판단의 능력뿐만 아니라 건전한 비판력 등 확고한 자아 정체성을 채 갖추지 못한 청소년층에게 성적 충동의 자극을 일으켜 성범죄 등을 유발할 우려가 있다는 판단에서 제재 결정을 내렸다."

-간행물윤리위원회

연세대학교 국문학과 교수 마광수가 1991년에 출간한 소설 『즐거운

사라』에 대해 간행물윤리위원회는 제재를 가하였다. 출판사 측에서는 바로 책을 자진 수거하고 절판하였다.

그러나 이듬해인 1992년 8월에 『즐거운 사라』는 다른 출판사에서 재출간되었고, 간행물윤리위원회는 또다시 제재를 가하였다. 그리고 결국 그해 10월 29일 마광수 교수는 음란문서 유포죄로 검찰에 구속되었다. 논란이 가열되자 연세대학교는 황급히 마광수 교수를 직위해제하였다.

마광수 교수는 항소하였으나 1994년 2심에서 항소 기각 판결을 받았고, 1995년 대법원 상고심에서도 기각 판결을 받았다. 이로써 그는 연세대학교에서 해직되고 시간강사로 전락하고 말았다.

마광수는 1998년 3월이 되어서야 사면·복권되었고, 5월에 연세대학교 교수로 복직하였다.

『즐거운 사라』 사건은 개방적인 성 담론을 통해 우리 사회의 성역을 깨뜨리며 표현의 자유와 한계에 대한 논쟁을 불러일으킨 사건이었다.

1898년 10월 29일

독립협회, 만민공동회 개최

1898년 3월 종로 사거리에서 이승만·홍정하 등의 청년 연사가 러시아인 탁지부 고문과 군부 교련사관의 해고를 요구하는 연설을 한 것이 만민공동회의 시작이었다.

그해 10월 29일 독립협회는 정부인사들을 초청하여 만민공동회를 개최하였다. 회장에는 윤치호가 선출되었다. 만민공동회에서 독립협회는 정부의 매국적 행위를 비판하고 시국에 대한 개혁안 6개조를 결의하였다.

독립협회는 1899년 초에 해산된 후에도 잠시 동안 만민공동회로 활동하였다.

* 1896년 7월 2일 '서재필, 독립협회를 결성하다' 참조

10월 30일

1929년 10월 30일

광주 학생 운동의 발단이 된 나주역 사건이 일어나다

한국 사람들은 일제 때 참으로 고생 많이 했습니다. 일본 사람들이 토지를 다 차지하였고 한국 사람은 그저 소작을 조금씩 얻어 생활하였습니다. 그렇게 일본인들은 한국인을 착취했습니다. 한국인들은 배가 고파 죽을 지경이었습니다. 아무리 수재라도 공부할 수가 없었습니다. 가난하다 보니 도적으로 몰려 억울하게 옥살이하는 경우도 많았습니다. 옷조차 제대로 입지 못하고 누더기 생활을 하였습니다.

일본 사람들은 다 잘살았습니다. 못사는 사람이 없었습니다. 나주 본정통은 일본인이 전부 차지했고, 큰 농장도 일본인이 모두 차지하였습니다. 한국인은 그 밑에 가서 일해 주고 밥 얻어먹고 하는 생활을 하였지요. 결국 그놈들만 부자로 만들어 준 것이지요. 이러한 억울한 정황을 요즘 사람들은 이해하지 못할 것입니다. 한국인들의 생활이 얼마나 불쌍했던지 지금도 생각하면 눈물만 나올 지경입니다.

-이광춘, 1996년 인터뷰에서

1920년대에 나주와 광주, 목포를 오가던 통학열차는 네 칸짜리였다. 첫 칸은 여학생들이 탔고, 둘째 칸은 일본인 남학생, 셋째 칸은 조선인 남학생, 넷째 칸에는 일반인이 탑승하였다.

나주에서 통학하던 학생들은 당시 광주고등보통학교를 비롯한 각 중등학교에서 치열하게 진행되던 동맹휴학의 불길 속에서 항일정신을 키워나가고 있었다. 30여 명의 통학생 중 10명은 비밀 항일조직인 독서회의 일원이었다.

특히 독서회에서 활동하던 학생들은 다른 학생들에게 대화를 통해 항일의식을 전도하는 한편 일본 학생들의 멸시나 도전에 대항하는 데 앞장섰다. 이런 상황 때문에 일본 학생들과 우리나라 학생들이 함께 이용하던 통학열차는 그야말로 움직이는 화약고였다.

1929년 10월 30일 광주중학교의 일본인 학생 후쿠다가 통학열차 안에서 광주여자고등보통학교 여학생인 박기옥과 이광춘 등의 댕기머리를 잡아당기며 희롱하였다.

이를 보고 화가 난 박기옥의 사촌동생 박준채가 후쿠다에게 소리를 질렀다. 자신보다 어린 박준채가 당돌하게 나오자 후쿠다도 물러서지 않고 "뭐라고? 조센진 주제에."라고 응수하였다. 이 말에 격분한 박준채는 후쿠다의 얼굴에 주먹을 날렸다.

순식간에 싸움은 커지고 말았다. 흥분한 학생들은 한데 뒤엉켰다. 그러나 이 싸움으로 인한 피해는 학생 수가 많은 일본인 쪽이 더 컸다.

이튿날 박준채는 방과 후 열차 안에서 다시 후쿠다를 찾아가 사과를 요구하였다. 그러자 후쿠다는 다짜고짜 박준채의 뺨을 때렸다. 기차 안에서 둘은 또다시 몸싸움을 벌였다. 싸움이 한창일 때 차장이 달려왔고 박준채와 후쿠다는 차장실로 끌려가 통학권을 압수당하였다.

이때 일반인 칸에 타고 있던 광주일보의 일본인 기자 한 명이 후쿠다의 이야기만 듣고 무조건 박준채를 비난하였다. 다른 일본인 승객들까지도 입을 모아 박준채를 야단쳤다. 박준채는 나라 잃은 설움이라 생각하고 입술을 깨물 수밖에 없었다.

11월 1일 나주역에서 통학권을 찾아 학교에 간 박준채는 교감에게 불려가 "이번 싸움은 민족감정의 충돌이어서 중대한 문제를 야기시킬 수도 있으니 신중히 사태를 수습하라."는 당부를 들었다. 사실 오전부터 두 나라 학생들의 감정대립으로 거리 분위기가 살벌하였다.

결국 이날 오후 광주역에서 통학열차가 출발하려고 할 무렵 손에 무기를 든 일본인 학생들과 조선인 학생들이 대치하였다. 이 사실이 학교에 알려져 경찰과 교사들이 학생들을 제지하였다.

그러나 이틀 후인 11월 3일 이 사건은 대대적인 항일 학생 운동으로 이어졌다. 학생들은 '조선 독립 만세'와 '조선인 본위 교육을 실시하라'는 구호를 내걸었고, 이 시위는 점점 전국적으로 번졌다.

이듬해 2월까지 전국에서 동맹휴학과 시위가 일어났다. 149개 학교가 참가하였고, 참가 학생은 무려 5만 4,000여 명이었다. 이 시위로 인해 퇴학 처분을 받은 학생이 582명, 무기정학 2,330명, 피검자 1,642명에 이르렀다. 이는 3·1 만세 운동 이후 최대의 항일운동이었다.

* 1929년 11월 3일 '광주 학생 운동이 일어나다' 참조

1999년 10월 30일

인천 호프집 화재로 중고생 56명 사망

1999년 10월 30일 오후 인천시 중구 인현동에 있는 한 상가 건물 지하 노래방 공사 현장에서 화재가 발생하였다.

조형물 설치 등 보수작업을 하던 노래방 종업원의 부주의가 화재의 원인으로 지목되었다. 지하에서 붙은 불은 순식간에 계단을 타고 2층 호프집과 3층 당구장으로 옮겨 붙었다.

게다가 2층으로 불길이 번졌을 때 호프집 주인이 술값을 받기 위해 현관 안쪽 유리문을 닫는 바람에 출입문으로 향하던 학생 56명이 빠져 나가지 못하고 모두 숨졌다.

이 사고는 1971년 서울 대연각호텔 화재(165명 사망)와 1974년 서울 대왕코너 화재(88명 사망)에 이어 세 번째로 많은 인명피해를 낸 화재로 기록되었다.

* 1971년 12월 25일 '대연각호텔 화재 발생' 참조
* 1974년 11월 3일 '서울 대왕코너 화재 발생' 참조

1991년 10월 30일

우리나라 최초로 실리콘 발광실험 성공

한국전자통신연구소는 우리나라 최초로 실리콘으로부터 고효율의

발광을 실현하는 데 성공하였다. 지금까지 실리콘은 가시광선의 발광이 불가능하다고 여겨져 왔다.

1991년 10월 30일 기초기술연구부 이일항 박사의 주도로 박경호·장순호 박사 연구팀이 실리콘 기판에 초미세 다공성 실리콘 구조를 형성시켜 자외선을 조사시킬 때 적색광이 발광하는 것을 확인하였다.

이 결과는 지금까지 전자 소자용으로 제한되어 있던 실리콘을 광자 소자용으로도 응용할 수 있는 가능성을 보여 주는 것이었다.

앞서 5월 2일에 미국 재료학회에서 영국 과학자들이 다공성 실리콘 구조에서 가시광의 발견을 처음으로 보고하였다. 우리나라는 프랑스의 그르노불 대학, 미국의 AT&T 벨 연구소에 이어서 이를 구현시켰다.

고효율 발광 실리콘은 다중색상 발광소자, 고속 프로세서의 광연결 장치, 광신경망과 같은 분야에 응용될 수 있다.

1950년 10월 30일

영자 신문 「코리아 타임즈」 창간

1950년 10월 30일 영자 신문인 「코리아 타임즈」가 창간되었다. 당시 공보처장이었던 김활란이 유엔군으로 참전하고 있는 장병들에게 국내외 소식은 물론 우리나라의 실정을 올바르게 알리려는 목적으로 만든 신문이었다. 초대 사장은 시인이자 이화여자대학교 교수였던 김상용이 맡았다.

1953년에 장기영이 경영권을 인수하면서 이후 창간된 「한국일보」의 자매지가 되었다. 「코리아 타임즈」는 당시 '타임즈의 생각The thoughts of the

Times', 인생상담란인 '디어 애비Dear Abby' 등 세계적으로 권위 있는 칼럼을 실었다. 매일 해설판 부록도 함께 발행하였다.

10월 31일

1469년 10월 31일

조선의 예종, 『경국대전』 편찬을 완료하다

우리 조종祖宗의 심후하신 인덕仁德과 크고 아름다운 규범이 훌륭한 전장典章에 펴져 있으니, 이것은 『경제육전』의 원전·속전과 등록謄錄이며 또 여러 번 내리신 교지가 있어서 법이 아름답지 않은 것은 아니지만 관리들이 용렬하고 어리석어 제대로 받들어 행하지 못한다. (……) 이제 손익을 헤아리고 회통會通할 것을 산정하여 만대의 성법을 만들고자 한다.

-『경국대전』서문

세조는 즉위하자마자 시대가 지나도 변하지 않을 대법전을 편찬하려는 뜻을 품고 육전상정소六典詳定所를 신설하였다. 그리고 육전상정관으로 하여금 법전을 편찬하도록 하고 직접 그 심의와 수정을 맡았다.

1460년에 먼저 재정·경제의 기본이 되는 호전戶典이 편찬되자 『경국대전』으로 명명하고 판각을 만들었다. 1467년에 모두 편찬이 끝났으나 수정과 보완을 거듭하다 미처 간행되기 전에 세조가 붕어하고 말았다.

이후 예종이 즉위하고 1469년 10월 31일에 전체 6전의 편찬을 완료하여 이듬해부터 시행하기로 하였다. 그러나 그해 예종이 죽고 성종이 즉위하면서 시행은 미뤄지게 되었다.

시행이 미뤄진 사이 의견을 모아 법전을 다시 교정하였다. 1470년에 드디어 완성하였고, 이듬해부터 시행하였다. 이것이 『신묘대전辛卯大典』이다. 1474년에 다시 수정하여 새롭게 나온 6전이 『갑오대전甲午大典』이며, 이것을 또 수정하여 1484년에 완성한 것이 『을사대전乙巳大典』이다. 2012년 현재 온전히 전해 오는 『경국대전』이 바로 『을사대전』이다. 그 이전의 것은 전해지지 않는다.

『경국대전』은 총 6권 4책으로 이루어져 있으며 편제와 내용은 『경제육전』의 구성과 같다. 이전吏典·호전戶典·예전禮典·병전兵典·형전刑典·공전工典의 순서로 되어 있고, 각 전마다 필요한 항목으로 분류되어 있다. 이 대전의 조문은 삭제되어서는 안 되는 만세불역萬世不易의 조항들이었다.

『경국대전』

그러나 시행 이후 『대전속록大典續錄』 『수교집록受敎輯錄』 등의 법령집과 『속대전續大典』 『대전회통大典會通』 등의 법전이 편찬·시행되어 실제로 개정되거나 폐지된 조문이 적지 않았다. 다만 그 기본 이념만큼은 그대로 지켜지고 있다.

조선의 행정사무는 모두 6조에 집중되어 있었다. 6조는 필요한 규정을 국왕에게 비준을 받아 수교受敎나 수판受判으로 법조문화하였다. 『경국대전』은 이 중 영구히 시행해야 할 사항들을 편집하여 묶은 것이었다. 그 내용은 다음과 같다.

1. 「이전」 : 총 29항목으로 국가의 통치기구와 조직체제, 동반의 경·외관직, 아전·토관의 직제와 인사고과제도 등을 다루고 있다.
2. 「호전」 : 총 30항목으로 재정·토지·조세·녹봉·공물·양전·부역·토지매매·상속에 관한 규정들을 수록하였다.
3. 「예전」 : 총 61항목으로 교육·문과와 잡과의 시험규정·외교·의장·오복·의례에 관한 규정을 다루고 있다.
4. 「병전」 : 총 51항목으로 경외의 군사기구와 무반직, 무과와 취재 규정, 군사기구 검열과 번상규정, 면역·급보·성곽·역마·봉수 규정을 수록하였다.
5. 「형전」 : 총 28개 항목으로 크게 형법제와 노비규정으로 나누어진다.
6. 「공전」 : 총 14항목으로 도로·다리·관사·궁궐·원우院宇에 대한 관리, 보수 규정과 과수果樹·산림보호에 관한 규정, 각종 광물산지의 등록과 야장冶場 조항, 도량형 규정을 신고, 중앙과 지방의 장공인의 직종과 인원을 소속별로 수록하였다.

1883년 10월 31일

「한성순보」가 창간되다

개항 이후 정부는 근대화를 위한 외교활동을 펼쳤다. 수신사로 일본에 다녀온 박영효는 신문을 보고 조선에서도 국민 계몽 차원에서 신문 발간을 서둘러야 한다고 생각하였다. 그리하여 귀국길에 신문 발행에 도움을 줄 일본인 인쇄공과 기자를 데리고 왔다.

한성부 판윤으로 부임한 박영효는 고종을 자주 알현하여 신문 간행 허가를 간청하였다. 이에 고종은 1883년 8월 통리기무아문 내에 박문국博文局을 설치하여 신문을 발간하도록 하였다.

이를 위해 박문국 초대 총재에 민영목을, 부총재에 김만식을 임명하여 신문 간행을 위한 준비를 하였다. 그리고 그해 10월 31일에 「한성순보」 창간호를 발행하였다. 이것이 오늘날 근대 신문의 효시가 되었다.

이 신문은 10일에 한 번씩 발간하는 순보旬報였다. 크기는 가로 19cm, 세로 26.5cm였으며 전체 지면 수는 18쪽이었다. 제본된 잡지 형태로 발행하였다. 본래 국한문으로 펴내려 했으나 활자 준비 등의 이유로 순한문으로 펴냈다.

순보서旬報序에는 신문의 성격이 다음과 같이 설명되어 있었다.

외국 신문을 많이 번역하여 게재하고 국내 사건도 실으며, 좋고 나쁜 것을 구분해서 취사선택하도록 하였고, 신문으로서 바름正을 견지할 것이다.

외국 기사로는 중국의 「중외신보」와 일본의 「동경일일신보」 등 여러 신문의 기사를 선택적으로 번역하여 게재하였다. 국내 기사로는 개인적인 일, 관官에서 하는 일, 한성에서 하는 일 등을 구분하여 실었다.

신문 제1면은 언제나 조보朝報의 내용을 실었고, 시직탐보市直探報라 하여 물가 동향을 적었다. 사회면에 해당하는 국내 홍보란, 외국의 상황을 알려 주는 각국근사各國近事도 있었다. 문명개화란에서는 지구도해를 비롯하여 서양의 각종 생물이나 풍물을 소개하였다.

편집자와 마찬가지로 기자도 모두 관원이었다. 주사主事 또는 사사司事로 불리던 이들은 매우 열정적이었으나 신문의 평판은 별로 좋지 않았다. 첫째로 순한문 신문이라서 인기가 없었다. 둘째로 관보의 성격을 띠었기 때문에 정부 관계자가 아닌 일반인의 관심을 끌지 못하였다. 셋째로 1부에 30전이라는 비싼 가격 때문에 순보를 사서 보려는 대중이 적었다.

1884년에 일어난 갑신정변이 실패하면서 박문국의 인쇄 시설이 모두 불에 타는 바람에 발간이 중단되었다. 1886년에 『한성주보漢城週報』로 다시 발간되었다.

* 1883년 8월 17일 '최초의 신식 인쇄소인 박문국 설치' 참조
* 1886년 1월 25일 '『한성주보』 첫 호 발행' 참조

1395년 10월 31일

조선, 경복궁을 신궁으로 하다

태조 이성계는 한양으로 도읍을 옮긴 후 경복궁을 세우기 시작하였다. 그리하여 1395년 10월 31일에 경복궁이 조선의 신궁神宮이 되었다.

경복궁이라는 이름은 정도전이 지었다. 이는 『시경詩經』에 나오는 구절 중 큰 복을 빈다는 뜻의 '경복景福'이라는 두 글자를 딴 것이었다.

경복궁은 중국에서 고대부터 지켜져 오던 도성 건물 배치의 기본형식을 지킨 궁궐이다. 궁의 왼쪽에는 종묘, 오른쪽에는 사직단을 두고 근정전과 사정전을 비롯한 정전과 편전 등을 앞부분에, 침전과 후원을 뒷부분에 배치하였다.

이후 경복궁은 1553년 9월에 화재로 인해 전소되었다가 1865년 흥선 대원군의 명에 의해 중건되었다.

* 1396년 1월 9일 '조선, 한양에 도성을 축조하다' 참조
* 1553년 9월 14일 '경복궁이 화재로 전소되다' 참조
* 1865년 4월 13일 '경복궁이 중건되다' 참조

10월의 모든 역사 _한국사

초판 1쇄 인쇄 2012년 10월 1일
초판 1쇄 발행 2012년 10월 5일

지은이 이종하

펴낸이 김연홍
펴낸곳 디오네

출판등록 2004년 3월 18일 제313-2004-00071호
주소 121-865 서울시 마포구 연남동 224-57
전화 02-334-7147   **팩스** 02-334-2068
주문처 아라크네 02-334-3887

ISBN 978-89-98241-00-1 03900

※ 잘못된 책은 바꾸어 드립니다.
※ 값은 뒤표지에 있습니다.